颜维琦 著

种子的力量

读懂钟扬

上海人民出版社

目录

序

在我心里，你永不会远去

种子的力量：读懂钟扬

这一年过得真快。2018 年 9 月 9 日，我和关心你的朋友们一起，为大毛小毛过了 16 岁生日。16 岁，虽然还没有成年，但也是一个很重要的年纪，“责任”两个字落在了他们的肩上。

你离开的这一年，孩子们长大了许多。大毛的身高已经超过 1 米 8 了，小毛也在加油，虽然还是比大毛瘦不少，但他的腿长，也许过不了多久就能突破 1 米 8。

你离开的这一年，我也经历了许多。以前，不管遇到什么事情，哪怕你不在身边，想到有你在就踏实了。你走后，所有的人见到我的第一句话都会说：张老师，你必须坚强。是的，我必须坚强，而且我别无选择，我只能坚强。

从 1984 年在中国科学院武汉植物研究所相识，我们一起走过了 33 年，共同经历过很多风雨，唯独没有考虑过生离死别。我一直觉得你没有理由走，因为我们上有四位 80 多岁的老人，下有一双未成年的儿子。我想，你离开我们的唯一理由就是太累了。

2017 年 9 月 25 日早晨，我正准备出门去学校上班，接到同事打来的电话，我一下子愣在那里。你总是在路上，出这样的事情，概率还是很高的。这些年，我默默数着你每年在空中飞行的一百多个来回，祈祷着你的平安，但是不幸的事情还是发生了。

你出意外的那一天，如何让家里的老人接受这个事实，是我必须紧急应对的。我作了最周密的考虑，然而，当天傍晚，你爸爸还是收到了来自一个老同事的手机短信，内容是“请二老节哀”。当时他们还没有反应过来，还打电话去问人家，到底谁去世了。最后还是没有瞒住老人，他们从武汉打电话来问我，并在电话里嚎啕大哭。我对老人说，钟扬能有这么大的作为，没有辜负父辈的期望。

钟扬，从我认识你的那天起就知道，你是为科学而生，为事业而生，为理想而生，你的人生属于科学、属于国家、属于人类。我理解你的选择。我当初选择了你，也是看中你是个有志向的人，你心怀伟大事业。

你曾对我说，你心里有一个很大的梦想，梦想都是需要付出心血、付出牺牲的。对孩子的培养和付出，你虽然留下了永远的遗憾，但是我知道，你这样做，并不是逃避父亲的责任，而是为复旦、为西藏、为国家培养了更多人，那也是你的责任，更大的责任。

你走后，我在家整理旧照片才发现，我们最近的一张全家福竟然已经是 12 年前拍摄的了。最近几年也有过一些全家一起拍照的机会，但是几乎每一次都因为工作又临时缺席了。

回首 33 年，从相识、相爱，直到今天，有太多太多美好的回忆。直到此刻，我依然感到，你并没有远去。你还在的时候，有时到了凌晨两三点，我会想，你怎么还没回家呢？是啊，你工作太忙了，也许现在还在某个遥远的地方忙碌着呢。

去年秋天，你离开我们的那天，上海的天空一直在下雨。我明白你有多么不舍，我也知道我肩上担子的分量。

我相信儿子会慢慢理解他们为什么会失去父爱，老人也会理解你为什么不能尽孝，我知道你所挚爱的事业一定会后继有人，你的努力与付出一定会结出丰硕的成果，造福人类。

最后，感谢《光明日报》持续报道你的故事，感谢复旦大学党委宣传部和上海人民出版社的细致工作，感谢颜维琦女士的辛勤劳作，勾勒出一个真实、生动、贴近的钟扬呈现给大家。

张晓艳

2018 年 9 月

引　子

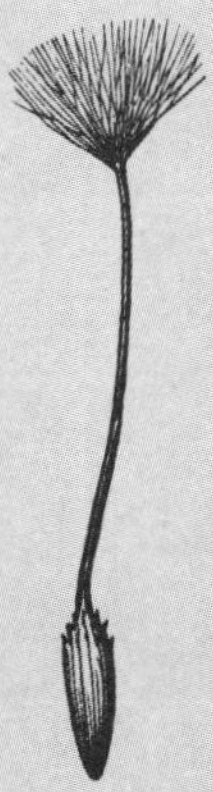

种子的力量：读懂钟扬

鼠麴雪兔子，有一个更广为人知的名字：高山雪莲。1938 年，英国探险家埃里克·希普顿（Eric Shipton）在海拔 6 300 米左右的珠穆朗玛峰南坡采集到一棵几厘米高的鼠麴雪兔子，将其记载为世界上分布最高的种子植物，被国际高山植物学专著和教科书奉为经典。

随着全球气候变化和冰川消融，植物的分布高度可能会刷新纪录。2011 年 6 月，一位中国植物学家和他的学生，历经一次次艰难寻找，终于在海拔 6 100 米以上的珠峰北坡采集到了宝贵的样品。众所周知，珠峰南坡相对湿润、温热，而北坡则要干、冷一些。在相近海拔下，北坡

生长在岩石缝里的鼠麴雪兔子，虽矮小却顽强

植物的生存环境更加恶劣。

在冰川退化后裸露的岩石缝里，高不足10厘米、长着灰白小绒球花朵的鼠麴雪兔子，是那么不起眼。但在这位植物学家眼中，却无比动人。那一刻，他抚摸着花形如拇指的矮小植株，和身旁的两位藏族学生相对一望，继而开怀大笑。

所有的艰辛，都融化在这高原旷野的笑声里。

这是迄今为止中国植物学家采样攀登到的最高点。这些样品使得科学家们在珠峰北坡找到突破现有世界纪录的最高海拔分布植物的信心倍增。而进一步的分子生物学分析则将为揭示其种群来源和动态，及其与全球变化的关系提供科学依据。

这一年，是这位植物学家走进青藏高原的第11年。

11年，经历了太多太多，其间困苦艰辛，甚至一次次生死一线，往往化作他谈笑间的“段子”。而他身高180厘米、体重110公斤的身躯正在承受的痛楚，都被他憨厚大笑着咽下，锻造出了一颗每分钟仅跳44下的心脏。

这一刻，他那颗热烈的心缓慢地敲击胸膛，时间也放慢了脚步缓缓流淌。凝望着眼前其貌不扬的“小草”，植物学家问学生，也是在问自己：

“它们是怎么来的？为什么要在如此恶劣的环境中生存？”

鼠麴雪兔子并不是青藏高原特有种，它广泛分布于我国西南和西北各地以及邻近国家，其中不乏低海拔和环境优越的种群。仅从生物学特性看，青藏高原种群明显要差得多，和那些高大健壮的植物相比，它们大概算是典型的“失败者”。但这些矮小的植株却能耐受干旱、狂风、贫瘠的土壤以及 45 ℃的昼夜温差。

这些矮小而顽强的生命令人感怀：

生物学上的合理解释是：它之所以能成为世界上分布最高的种子植物就是靠这一群群不起眼的小草牺牲个体的优势，承担着“先锋者”的任务，向新的高地一代又一代地缓慢推进。

植物学家名叫钟扬。

从 2001 年踏上青藏高原的第一天起，他一直在寻觅高原植物中的成功者。在一个适宜生物生存与发展的良好环境中，不乏各种各样的成功者，它们造就了生命的辉煌。“更高、更快、更强”似乎是生命世界共同的追求。

在生长于珠穆朗玛峰的高山雪莲身上，他看到了一个顽强而崇高的生命，也看到了自己的求索之路：

当一个物种要拓展其疆域而必须迎接恶劣环境挑战的时候，总是需要一些先锋者牺牲个体的优势，以换取整个群体乃至物种新的生存空间和发展机遇。换言之，先锋者为成功者奠定了基础，它们在生命的高度上应该是一致的。

生命的高度绝不只是一种形式。从高逾百米的世界最

攀登者，是钟扬人生定格的一帧画面

高植物北美红杉，到喜马拉雅山的雪莲，这些或高大或矮小的植物同样令人肃然起敬，这就是生命的哲学。

从2015年夏天第一次采访钟扬，到2017年9月25日他遽然离去后，循着他的足迹，在江淮水乡、世界屋脊、洞庭南北、祁连内外、南海之滨，一次次寻找他的故事，一点一滴拼接他的人生拼图，那个艰难攀爬寻找高山雪莲的画面一直在我脑海中挥之不去。

攀登者，是他53年生命定格的一帧画面。生长在雪山之巅的高山雪莲，是走进他生命哲学的一个入口。但理解钟扬，远不止一个维度。

他的人生不是“只为一件大事来”，他的生活也不是“板凳一坐十年冷”，他有着极其旺盛的精力、充沛的好奇心，有着浪漫的情怀和说干就干的行动力，他有本事做什么像什么，游刃有余地穿梭于各门学科和各种事务，走到哪里都能很快脱颖而出。

他的履历可以贴上很多“标签”：少年大学生、科学家、教师、援藏干部、高等教育管理者，等等，可任何一个标签都不足以概括他的人生。他的一生就是一个传奇，一路走来都是在飞跃，可却一次次毅然转身，一次次决然放下。对于成功和失败，他有着自己的坚守和追求。

他热情率真、幽默风趣，到哪里都发着光；他豪侠仗义、坦荡无私，有一副古道柔肠；他“为人但有真性情”，眼里容不得沙子，但又特别能理解人、尊重人，坦诚待人；他永远追求卓越，但从不抱怨、不埋怨，有什么条件就从什么条件开始，自己给自己创造丰富的土壤，让自己长成一棵参天大树。

他始终胸怀科教报国、赤诚为民的坚定信仰，保持着不畏艰险、锐意进取的创新精神，如同一棵树，把根深深地扎进祖国的山川大地；如同一滴水，把人生完全融入祖国的大江大河。他把自身的小我与国家的大我结合在一起，成为一名时代的先锋者和探索者……

在他的身上，拥有很多我们这个时代、我们这个社会所迫切需要的优秀品质。要如何讲述这样一个高尚、丰满、深刻而有趣的灵魂？要如何理解他的人生选择，探寻他的生命哲学？最终，我决定选取 9 个维度，尝试通过这些迥然不同的片段，构建出一幅有关他精神世界和人生实践的拼图，展现一位共产党员的先进性、纯洁性和精神层面的丰富性，努力再现一个真实而完整的人，一个永远活在当下、活在我们身边的人。

第一章

生命的沉思

种子的力量：读懂钟扬

芽

一棵新芽在萌发，
根儿扎在山崖，
叶儿拥抱着云霞。
接受大自然的洗礼，
不怕风吹雨打。
“是作挺拔的松柏，
还是当鲜艳的山花？”
她在深深地思考，
理想的种子，
在胸中萌发。
让她去吧，大自然，
不要一切都替她回答。

钟扬，1981 年

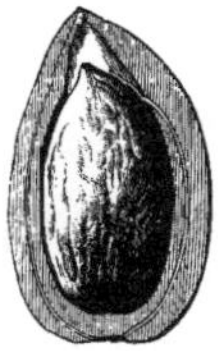

倘若生命失去节律，我们也许再也无法观赏到那五彩缤纷却又错落有致的景色；不再有春风桃李，也没有秋雨梧桐；不再有日月相约的花钟，也没有了如期而至的蝴蝶；不再有秋徙春归的候鸟，也没有春华秋实的丰收……

倘若生命失去节律，我们也许再也无法聆听到那时而热闹欢腾时而清澈悠扬的旋律；不再有夏日蛙声，也没有秋蝉鸣泣；不再有悦耳动听的鸟啼，也没有了浅吟低唱的夏虫；不再有新莺出谷的清越，也没有了乳燕归巢的婉转……

倘若生命失去节律，我们自身——人类也许再也无法生存下去。每天，太阳照常升起，而我们已经不知日出而作、日落而息，人类生理和心理节律与大自然节律的和谐将不复存在……

这段文字出自钟扬。清澈细致的笔触之下，一颗活泼泼的心跃然纸上。

一花一世界，一树一菩提。植物学家大概是这个世界上与大自然最亲近、对大自然最执着的一群人。他们勤恳地开拓，虔诚地求知，从植物的花、果、根、茎、叶、种子乃至分子结构、基因结构中不断探寻生命的奥秘，领悟自然的真谛。

近代植物分类学奠基人、瑞典生物学家卡尔·冯·林奈（Carl von Linné）曾在自传中写道："布谷鸟是夏天的先导，花苞的待放是春天的前奏。我的出生地是上帝最厚爱的角落。从年幼时，大自然便是刻在我心深处的一幅版画，也永远是我回忆里的天堂。一朵小野花的美，显出上苍的巧思与细腻。"

钟扬出生在长江边一座小城，从小并非在锦簇的花园里长大。1964 年的湖北黄冈，和全国其他地方一样，处在政治压倒一切的气氛中。父亲钟美鸣、母亲王彩燕，都是黄冈中学的教师。钟老师教政治，王老师教化学，两个人的课很多，还要参加“四清”运动，经常到乡村、基层参加宣传教育活动。

这年5月1日，热闹的“五一”劳动节游行刚过，挺着大肚子上课的王彩燕感到一阵阵剧烈的腹痛，晕倒在教室，被同事急急忙忙送进医院。5月2日早晨8点40分，一个男孩呱呱坠地，取名钟扬，“扬”是长江别名扬子江的扬。这个名字寄托着一个父亲的期望，希望自己的孩子乘着长江的风，在人生的航道上扬帆远行。

这年5月9日，中国登山队的科学考察组，在西藏定日县境内采掘出一批大约1.5亿年前或2亿年前的巨型古脊椎动物化石。

这年10月16日下午3时，在新疆罗布泊地区，“轰”的一声，中国第一颗原子弹试爆成功。自此，中国成为继美国、苏联、法国、英国之后第五个拥有原子弹的国家。

广播和报纸传递的来自远方的消息，只在江边小城平静的生活中激起了些许浪花。日子还在一天天继续。

1966年5月，钟扬两岁。轰轰烈烈的“文化大革命”开始了。整个街道一片红，到处盛行“知识无用”的言论。可受过高等教育的父亲和母亲知道，读书认字不能耽

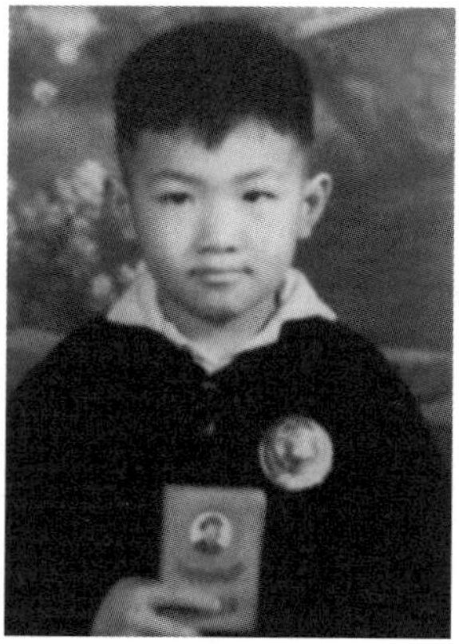

《毛主席语录》是钟扬的启蒙读物

误，信手拈来的就是《毛主席语录》，于是就让钟扬熟读背诵，从里面增长知识，学习怎样造句、怎样表达。那段时间，街道就是他的课堂，看到满墙的毛主席语录，就让他站在那里一句一句念，直到背下来，他的识字能力和阅读兴趣都是从那时起步的。1970 年初春，因为幼儿园搬家，不到 6 岁的钟扬凭借一本背得滚瓜烂熟的《毛主席语录》插班进了小学。小学三年级时，一股学生“反潮流”运动兴起，一时弄得学校大乱。钟扬生病了，很严重的肾炎，医生禁止他下床，一学期就在病床上度过了。他写道：“当然，那时只知苦，不知愁。在这一学期，我看了大量的小说、文章，培养了对美术的兴趣。”学期末仍然参加期末考试，还取得了不错的成绩。

1976 年，“四人帮”被粉碎，校园风气大变。看着身边同学如饥似渴地学习，正在读初中的钟扬深感时间不够用，必须快马加鞭，跑在时间前面。1977 年，中断了十年的大学入学考试终于恢复。一年后，14 岁的钟扬从黄冈中学初中部毕业，考入黄冈中学读高中，被选拔进入为提前两年参加高考而组建的高一（2）班。

个人命运的浮沉在汹涌向前的时代洪流中显得实在微渺，但每一滴水都将影响潮流的方向。小小少年，长大了。奔腾的长江水、浩荡的江上风，让少年的胸中生出“极目楚天舒”的壮阔，孕育出“长风破浪会有时，直挂云帆济沧海”的远大，也造就出“亦余心之所善兮，虽九死其犹未悔”的坚毅。

1978 年 1 月，《人民文学》第 1 期发表作家徐迟的长篇报告文学《哥德巴赫猜想》，一个瘦弱的“书呆子”变得家喻户晓，年轻数学家陈景润的孤独探索打动了无数人。很多学生因为读了这部作品立志学习数学。科学家的地位和声誉在整个社会中直线上升。

1978 年 3 月 18 日，全国科学大会在北京人民大会堂召开，邓小平同志面对 6 000 名参加会议的科学家发表重要讲话，指出“四个现代化，关键是科学技术的现代化”，提出“科学技术是生产力”，并且坚定地肯定了知识分子的绝大多数“已经是工人阶级自己的一部分”。

不知道是什么奇异的风

将一棵树吹到了那边——

平原的尽头
临近深谷的悬崖上
它倾听远处森林的喧哗
和深谷中小溪的歌唱
它孤独地站在那里
显得寂寞而又倔强
它的弯曲的身体
留下了风的形状
它似乎即将倾跌进深谷里
却又像是要展翅飞翔……

这是湖北诗人曾卓著名的现代诗《悬崖边的树》。一棵饱经沧桑、身处逆境却始终执着思考的树，吟唱着生命之歌，在20世纪70年代激起了无数人的共鸣。

一夜风雨摇落了无数
白丁香，你白色的珍珠！
一春天看着你萌芽，生叶
终于盼来了一片莹白
把沁人的幽香向小径舒吐

……

别问从今后还会有什么
风雨雷电，和无情的秋冬
带着凋零在后面紧追——
到来年啊，依旧有东风
还给你绿叶，还给你飞燕
凡是时间从你所夺去的
另一个春天全都要为你召回

在诗人陈敬容写于1979年的《致白丁香》里，一朵白色的小花，凝结着一切真善美，呼唤的是心灵的春天。

少年钟扬如饥似渴地学习，他已经看到了人生的希望和前进的榜样。热爱文学的他也读诗、写诗，在诗的律动里倾听时代的潮声，直面生活的褶皱。

“一个明媚的早晨，我拿着一本英语书跑到城外山上早读。一会儿来了一个农村的小伙子，担着一担土粪往山坡地里送，跑得很快，累得满头大汗。撒完了粪，他用羡慕的目光看了我一眼，挑起空担子，又慢慢下坡了，看样子他在边走边想心思。看着他，我心里突然翻起了浪潮——中国的农民还这样苦，劳动方式还这样落后，多么需要用科学文化来改变这种现状啊！这件事对我触动很大，后来我以此素材写了一首诗发在《中岳》杂志上。”钟扬曾忆起读初中时的一幕。

一棵新芽在萌发，
根儿扎在山崖，
叶儿拥抱着云霞。
接受大自然的洗礼，
不怕风吹雨打。

西藏，为钟扬打开了壮阔缤纷的生命画卷

是作挺拔的松柏，
还是当鲜艳的山花？
她在深深地思考，
理想的种子，
在胸中萌发。
让她去吧，大自然，
不要一切都替她回答。

17 岁的钟扬在大学校园里写下一首小诗《芽》。

20 年后的 2001 年 8 月 17 日，当 37 岁的钟扬第一次站在青藏高原上，望着一座座山峰相连，一片片白云悠远，那个山坡上心潮翻涌的少年、校园里踌躇满志的少年仿佛一起来到眼前。

眼前，5 500 万年前青藏高原由于地球板块碰撞而隆起，山峰起伏跌宕的峻利棱角，高山间散落的星星点点的草甸和海子，都是自然的伟力造就。远处的山顶，终年积雪闪闪地发着光。身旁，是静默的岩石、亘古荣枯的草木。

首次组建的 6 人科学家小组、为期 10 天的青藏高原野外考察，让钟扬兴奋不已。

此行的6个人都是生态学、植物学方面的专家：除了召集人钟扬，还有来自日本文部科学省统计数理研究所的长谷川政美教授、北京大学顾红雅教授、中山大学施苏华教授、复旦大学张文驹副教授和任文伟博士。组织一支专家队伍，到西藏去仔细看看，看看那里的植物资源状况到底如何，这个想法他已萌生许久，经过多番联络，终于成行了！

壮阔缤纷的生命画卷在眼前渐次展开——“用植物来装点大地令人赏心悦目，就像在布满刺绣的袍子上点缀稀有昂贵的珠宝一样，还有什么能比这更加令人愉悦的吗？”1597年，英国植物学家约翰·杰拉德（John Gerard）在《植物志或植物史略》（*Herball, or Generall Historie of Plantes*）中感慨。此刻，大地的慷慨和丰饶依然强烈地冲击着每一个人，钟扬被这种不假修饰和雕琢的壮美感动着。

拉萨河蜿蜒，尼洋河奔腾，山连着山，岭接着岭，江边的杜鹃花，山坡上的大花红景天，高山上的冷杉、云杉、巨柏……在全世界第一批确定的25个生物多样性热点地区中，我国有1个，即西南山地。在这个多样性热点地区的生态区中，其中，最重要的生态区就是位于青藏高原东南部的横断山区。

这是一个神奇的植物王国，拥有世界上最丰富的高山植物资源。数据显示，这片土地有近 6 000 个高等植物物种，占全国高等植物的 18%。更重要的是，其中有 1 000 多种西藏特有植物，科学家们称之为特有种；不仅数量很大，而且质量非常好。这证明了青藏高原隆起对物种形成与分化的强烈影响。

这是大自然馈赠的巨大宝藏！

与此同时，此番实地考察和细致的文献调研让钟扬难以平静：这个中国最大的生物“基因库”的规模被严重低估了。青藏高原的植物资源，“从来没有被彻底盘点过”。

在藏南地区，有一片大约 7 万平方公里的地区，50 年来植物学家很少涉足。在日喀则地区的嘎玛沟，骑马进去单程需要 7 天时间，100 年来很少有植物学家在这个地区留下记录……

还有多少待探索、待研究、待珍视的处女地！那里蕴藏着多少造物的沧桑与神奇！

几位科学家在高原上热烈地讨论。1859 年，达尔文的《物种起源》出版，一门崭新的学科从此诞生。在达尔文之后，重建地球上所有生物的进化历史成为一代又一代生物学家毕生的梦想。在达尔文发表《物种起源》7 年之

钟扬在青藏高原盘点植物“家底”

后，德国学者海克尔（E. Haeckel）根据进化论思想画出了一棵“生命之树”（Tree of Life），开创了用“树”来形象描绘生物进化历史的先河。1953 年，DNA 双螺旋结构的发现又为科学家们打开了一扇观察世界的新窗口，开启了分子生物学的新时代。分子生物学已成为现代生物学的主旋律。

长谷川政美是研究分子系统发育的知名学者，致力于在 DNA 水平上探索生物界各类群的进化历史，通过构建“系统发生树”来研究不同生物体之间系统发育关系。刚到复旦大学不久的钟扬为了契合学科建设需要，从研究植物学转向生态学，着眼生物多样性研究，而种质资源研究是其中一个重要的学科突破口。钟扬认为，青藏高原，是研究进化的绝佳之地，也是生态学家和进化学家寻“根”的好去处。正因为青藏高原具有独特的地理条件和气候因素，那些忍受极大温差的植物，很可能包含着某些特殊的基因；收集、研究清楚了，也许会培育出更多、更好的新品种。

大家也在忧虑：由于全球环境变化和人类活动的剧烈影响，一些珍贵的种子也许在被发现和了解它能否被利用之前，那些经历数千万年考验的基因资源就已经消失了。而那时，在全球最大的种质资源库中，居然没有一粒来自中国西藏的种子。“世界科学家应当重视西藏的种子。应对全世界气候变化，植物研究的版图不能少了这一块！”钟扬坐不住了，写下一篇短文，《自然》（*Nature*）杂志后来发表了这封中国科学家的来信。

十多年后，张文驹教授对那次科学考察依然印象深刻：“2001 年 8 月的西藏行对于所有人都是第一次，此后我们每个人的研究和工作都与西藏发生了各种各样的关联，但对于钟扬的意义更加不一样。”

“一个基因可以拯救一个国家，一粒种子可以造福万千苍生。”那个高原的夏天，热烈的日光下，望着等待收割的青稞地，还有路边笑得灿烂的藏族孩子，这个前所未有的想法在钟扬心里酝酿。

回到上海，他迫不及待地把西藏之行的见闻讲给妻子张晓艳听。“每个植物学家都应该去西藏！”“对研究生物学的人来说，西藏就是世界的第三极，是我们最重要的财富。”“如果我现在20岁毕业，一毕业马上去西藏待五年……”看着他眉飞色舞的样子，张晓艳知道，丈夫心里已经打定了主意。

“我想去西藏。”钟扬认真地对张晓艳说。大学毕业后同一年分配到中国科学院武汉植物研究所（现更名为中国科学院武汉植物园）工作，妻子是他最初走进植物学研究的“领路人”和最佳搭档，此后更成为志同道合的人生伴侣。和以往一样，这一次，张晓艳依然选择毫无保留地支持他。一年前，钟扬决定到复旦当老师时，张晓艳就放弃了同在武汉植物所的工作，跟着他来到上海，后来在同济大学生命学院任教授、博导。

对于这个决定，钟扬后来在接受采访时说：“最好的植物学研究一定不是在办公室里做出来的。在上海、北京这些大城市，生物多样性排名是很低的，但是却聚集了我国近一半的生物学家。祖国那些生物资源丰富的地方才是生物学家最应该去的地方。”“作为国家重要的生态安全屏障，拥有丰富生物资源的西藏，由于种种原因并没有对国外完全开放，这几乎等于说，西藏是特定条件下留给我国科学家的一块研究宝地，这是青藏高原吸引我的一个重要原因。”

选择去西藏，他是深思熟虑、擘画清晰的。就这样，钟扬开始了他的高原筑梦之旅，他此后的工作和生活轨迹也因此发生了改变。西藏将成为他人生的新舞台，成为他的另一个家园。只是那时的他还没有意识到，今后的人生将和这片高原如此密不可分，高原也成为他人生旅途的终点。

生命——地球历史上最伟大的奇迹，孕育、变异、繁盛和衰亡的跌宕起伏，周而复始，生生不息，有一些类群盛极一时，却走向绝灭，凝固为化石；有一些默默无闻，但历经沧桑，繁衍至今，无论是逝去的还是鲜活的，渺小的还是巨大的，他们都是生命长河的见证者。

这是钟扬带着学生为上海自然博物馆撰写的图文展板中的一段。他很喜欢这段话，热衷科普事业的他，几次客串博物馆讲解员时都领着观众在这块展板前驻足良久。

上海自然博物馆的图文展板，记录了钟扬对生命的思考

扎根青藏高原16年，凝视生命长河中的点点浪花——欣赏生命的百态，聆听生命的呢喃，触摸生命的脉搏，绘制生命的谱系，领悟生命的珍贵……钟扬真正体味到了古人所言“仰观宇宙之大，俯察品类之盛”，以及臻入科学和哲学自由之境时的自在和满足。

“上下未形，何由考之？日月安属？列星安陈？”美丽的星空中蕴藏着多少奥秘？

一草一木皆关情。这个地球上最年轻的壮美高原，那连绵的山丘、起伏的丛林，又埋藏着多少自然的宝藏？

在他眼中，在高原年复一年、日复一日地奔波与寻找充满乐趣，生命世界的缤纷多彩令他着迷。尽管他常常要面对很长一段时间劳而无获的沮丧，面对各种意想不到甚至是生死一瞬的状况，回答团队成员“那么累，为了什么”的困惑。

那年8月，我们的考察队沿着泥泞小道穿越羌塘草原……半夜，一阵胸闷将我从睡梦中惊醒。我急忙唤醒同屋的博士生老王，说“开点窗吧”。他应声起床。黑暗中，却听“哐当”一声巨响，一股寒风扑面而来——糟糕，老王把整面窗户从二楼推了下去……第二天清晨，队伍重新启程，车开了回头看，熟悉的土墙，挂满经幡的玛尼旗杆，旅馆老板一家子挥舞告别的手臂。那后面，一缕晨光正巧投进洞开的窗口，心头顿时涌起暖意。

一篇蓝色圆珠笔手写的小文——《藏北的窗》，是他对工作日常的记录。多少艰难，化作云淡风轻。

16年，跋涉40多万公里，收集上千种植物的4 000多万颗种子，他带领学生填补了世界种质资源库没有西藏种子的空白。

“这些年我唯一后悔的是，来西藏太晚了！”

“我们已经收集了4 000多万颗种子，占西藏物种的五分之一。在未来的10年，可能再完成五分之一。”

“如果能多培养一些人，大家协同攻关，20年就有可能把西藏的种子库收集到四分之三，也许再用30年就能够全部收集完！”

他兴奋地向人们讲述在西藏采集种子的故事，希望更多人关注这片土地，希望有更多科学家加入进来，参与西藏生物多样性的研究和保护，开展跨学科合作。

演讲时，他的幽默风趣引来台下笑声一片："达尔文的野外工作很棒。我是学物理学的，毕业的时候学无线电，但是变成了一个生物学家，原因是什么？我以达尔文为榜样，我希望可以活得长。有一些人收入可以，但是寿命可能比较短。学生物的人虽然日子过得苦一点，但是命都比较长。"

听了他的演讲，很多人真的对生物学产生了浓厚兴趣，对野外考察产生了浓厚兴趣，还有人就此确立了志业。当然，不是因为他宣称学生物的人"活得久"的缘故。

"他对生物学的态度，在科学以外，透着对人类命运、生命价值的深深思考与关怀。""他从不想要去简单地传达知识，而是将知识转化，转变成对生命更深刻的理解。"这是学生和友人对他的评价。他思考的层次和智慧的光芒，感染着身边的每一个人。

"可喜的是，今天的学生、未来的学者对学习生物多样性科学及进化生物学的热情有增无减，但他们对大自然的了解实在太少，对现实存在的生物多样性问题常常把握不准，更遑论保护实践了。”钟扬也有他的忧虑。

“一切理论都是灰色的，唯生命之树常青。”这是两百多年前德国作家歌德借《浮士德》中魔鬼之口所表达的思想。行走在山间旷野，钟扬时常想起这句话：这是否能给今天的生物多样性研究者以启迪？

他在思考，生命之树的“根”在哪里？他相信，大自然是最好的老师。走向大地，拥抱大地，生命之树才能常青。他要在大自然中寻“根”，为不同的生命之树寻“根”，也为自己的人生价值寻“根”。

第二章

信仰永恒

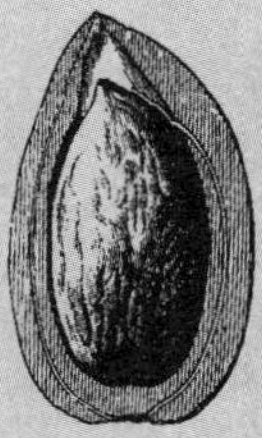

种子的力量：读懂钟扬

鹰·流星

——献给张海迪

流星，划过天穹
她用生命的余热
唱着光明之歌

而在有人笔下：
真是愚昧
善是软弱
美是虚荣
不知道她也有思虑的沉重
不知道她也有飞逝的隐痛

人们都歌颂那闪光的宣言
流星自有流星的行动

一只鹰
决不是一只风筝

一个是展翅蓝天的魂灵
纵然躯体受伤，鲜血淋淋
它也会为最后的拼搏
付出整个生命

一个是受人牵引的玩物
只要平衡和完整
即使在低空悠闲地飘荡
一阵风雨
它也会坠入泥泞——

一只鹰
决不是一只风筝
哪怕是一只受伤的鹰啊！

钟扬，1983年

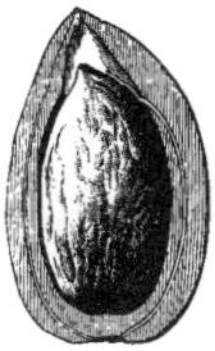

5月2日是我51岁的生日。前一天的夜里，我在疲惫交加之际，写了几段文字来描述我的出生。不知为何，我在句子开头提到了“我很累”，可能这就是内心真实的感受吧，我只希望能快快休息一下，不要再过每天睡眠3小时的日子。

中午12点整，一种从未有过的疲倦向我袭来……下午3点多，我开始拿出草拟中的复旦大学与西藏大学合作协议，一字一句地校对。我已答应学校书记，在五一假期结束后，便提交修改稿。从初稿到修改稿已经历时两周。还好，我在大约5点45分初步完成了这一工作。

傍晚7点20分，情况突然发生了变化。不知为什么，我的右腿像灌了铅一样沉重。夹菜的右手只握住了一只筷子，而另一只筷子却掉在了地上。服务员给我拿来新的筷子后，我试图去抓住新的筷子，但却发现再也握不紧了……

窗外，雨还在下着。而我一下子僵硬在那里，不知所措……

这是2015年5月，51岁的钟扬在病床上用他的左手“一指禅”敲出的一个真实的故事。故事的主人公是他自己。用左手，是因为他的右手还动弹不得；“一指禅”打字，是因为他一贯如此，既不会五笔，拼音也不好，只能一字字敲着。

2015年5月2日，星期六，上海下着雨。这天，和以往很多年的生日一样，钟扬依然是在忙碌的工作中度过。早晨7点，在复旦大学1号楼面试参加自主招生考试的高中生。中午，赶去上海共康中学给读初中的小儿子送去一周生活费100元。

钟扬有一对双胞胎儿子，小名大毛和小毛。因为他的工作缘故，小毛对西藏产生了兴趣，上海的几所中学有西藏班，他就把小毛送去和藏族同学一起住校，学习藏语。小毛的同学们都是由父母在西藏当地存进生活费，他们每月从卡里取出来使用。钟扬和儿子尽管在同一个城市，但也用这种方法来给他生活费。这是一件小得不能再小的事情，但这天银行没有开门，钟扬便坐了半小时车去学校找小毛。

下午，匆匆赶回去草拟复旦大学和西藏大学的合作协议。晚饭时分，突发脑溢血，被恰好在身旁的医生朋友第一时间送去长海医院急救。

“不期然的，我的人生一瞬间跌到了命运的关口。”一周后，他努力回忆着当天的每一个细节，从记忆碎片中拼接出这不寻常的一天：

这一夜是我的内心极度狂乱的一夜，我没有做好任何思想准备，没有对工作上留下的那么多报告，要参加的会议，出发前要见的学生，没有对这一切做好交代。就像一条在海中不知疲倦地畅游的鱼儿，一下子被抛到了沙滩。这夜我一晚没睡，血压在200左右，护士也没有办法帮助我，只能希望出血点能止住，不要再扩大了。我右边的手脚已经不听使唤了……

一次次往返上海和西藏，在高原和平原之间频繁切换，海拔 4 000 米的落差稀松平常，他的身体早已是一台长期超负荷运转的机器，紧绷的弦一次次越过临界点。

这一天，这根弦终于绷不住了。展翅蓝天的高原雄鹰受伤了。从大脑破裂的血管中流出的殷红血迹，化作 CT 片上一块块惊人的白斑。

“海拔对大脑和对身体有着同样的毁坏作用。”探险家埃里克·希普顿曾写道：“我怀疑是否有人承认他能享受在高海拔的生活。享受，指的是这个词的通常意思。虽然进程缓慢，但从艰难的攀登中可以得到一种冷酷的满足。当这点安慰也不复存在时，人们要在高海拔的极端肮脏的营帐里熬过大部分时光……幸运的是，风声通常能淹没笨重的喘息声。”

钟扬一度对埃里克·希普顿的故事非常着迷，将其奉为偶像。希普顿是阿尔卑斯式登山的发明者和倡导者，曾四次攀登珠峰，1953 年 5 月 29 日人类首次登上珠峰，和他有着有趣的关联：1935 年他第一次率队尝试攀登珠峰，选中 19 岁的夏尔巴人丹增·诺尔盖作为背夫随行，第二次则带上了新西兰人埃德蒙·希拉里，而 1953 年人类首登珠峰正是埃德蒙·希拉里和丹增·诺尔盖合作完成的。可以说，第一个珠峰攀登者丹增就是他发现并培养的。希普顿还是那位因在海拔 6 300 米处的珠峰南坡发现鼠麴雪兔子，而被载入国际高山植物记录的登山者，这个美丽的意外正是发生在一次登顶珠峰失败而返的途中。

谁能想到会有这样奇妙的邂逅？也许，这就是“失败者的成功”？到底该如何定义成功与失败？埃里克·希普顿的传奇让钟扬陷入沉思。

在希普顿眼里，攀登的真正价值不是比其他人爬更多的山、爬更难的路线，而是对山峰本身的热爱。比起攀登和发现的乐趣，登顶算得了什么？“真实是运动也是生命的最重要因子，一旦基本动机都被威胁扭曲，是无法获得真正的快乐，也无法完整地享受任何活动。”希普顿写道。

科学家的攀登又何尝不是如此？“我们对登山、对科学的研究，往往都会赋予一种所谓成功的意义。登山一定要成功，科学研究攻关一定要成功，这是一种比较糟糕的观念！其实登山，有时候失败比成功更有价值，它体现的是一种精神；在科学研究方面也是，你做了很多次攻关都没有成功，但它体现的这种精神是代代相传的！”钟扬拉着挚友黄梵讨论。黄梵是他在黄冈中学的同学，两人初中就是好友，考入大学后一直保持通信联系，经常在信里整页整页地讨论一些形而上的问题。

“一旦你决定去做什么事情的时候，很难停下来。”希普顿写道。钟扬于此心有戚戚：想到了就去做，眼里只有目标，不在乎结果，这种逐梦的简单的快乐多么令人享受。

“这个世界上只有极少数人在特定情况下能成为所谓的成功者。”钟扬说：“希普顿发现高山雪莲时 31 岁，我已经 51 岁了，再晚两年又怎么样呢？”“做些研究不是蛮好嘛，非要追求极致，一心想得大奖，往往就把事情做过头了。”

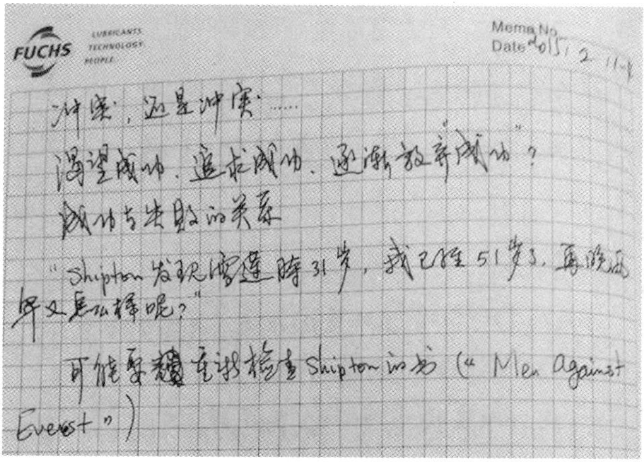

笔记本上记录下了钟扬逐梦的简单的快乐

毕业于中国科技大学的钟扬（右），自小就聪慧过人

钟扬和黄梵商量着，能否拍一部电影，通过一个科学家去西藏寻找雪莲的故事，把登山和植物研究结合起来，通过这个结合体现他们想传达的精神。钟扬为此写了几页稿纸，设计故事框架，包括配乐、语言都想到了。他希望自己成为这部电影的原型，还给电影取名《失败者的故事》。

他也经常剖析自己的经历，以此告诉学生，事业与生活的状态不能简单地用成功或失败来衡量，面对挫折、赞誉，如何用平和的心态去面对，才是成长的关键。

事实上，他是最有资格谈论成功的人。在踏上青藏高原之前，他是多少人羡慕的“成功者”。以他的天分和勤勉，选择一条最利于个人发展的道路，完全可以拥有另一种常人眼中更加光彩夺目的人生。

1979 年，15 岁的钟扬高一就考入中国科技大学少年班，是众人称羡的“神童”“天才少年”。1984年，大学从无线电专业毕业后，分配进入中国科学院武汉植物研究所。在与所学专业几乎毫不相关的植物学领域，钟扬再次展现出过人的天资。凭借敏捷的思维、惊人的毅力和深厚的数学物理功底，他从一个植物学门外汉迅速成长为国内这一领域的青年领军人物。

他受到“计算物理学”（Computational Physics）等的启发，在国内首倡“计算生物学”（Computational Biology）这一学科概念，并把这个尚属新生事物的边缘交叉科学作为自己努力的方向。1993年，他在中科院武汉植物研究所创建了第一个计算生物学青年实验室，一群志同道合的年轻人靠着他从美国带回的计算机系统，开始了一场全新的探索。

有意思的是，当时“计算生物学”这个概念在国内显得太过超前，大家更习惯称之为“计算机在生物学的应用”。在他成立实验室一年后，冠以“计算生物学”名称的国际学术刊物第一卷才出版；三年后，国际计算生物学学会（International Society for Computational Biology，ISCB）成立。如今，计算生物学已经成为基础生命科学密不可分的一部分，深度融入了从分子尺度到生态系统尺度的不同领域。

“那是一段躁动、喧嚣但又充满欢乐的日子，无论是在文献中发现一些低级错误，还是解决了数学方法或者编程中的一个问题都会给我们这个团队带来很多欢乐。”曾和钟扬在武汉植物研究所共事多年的李伟回忆：“看到现在计算生物学和生物信息学的热潮，怎不叫人感叹！曾经的武汉植物研究所在这个领域是如此地立于前沿！”

而才华横溢的钟扬，一路走来都在飞跃：23 岁，破格晋升为助理研究员，从初级到中级职称只用了两年时间；28 岁，被破格评为副研究员；1996 年，32 岁的他又破格

专注于植物研究工作的青年钟扬

晋升为研究员。

这当中，短短几年功夫，钟扬承担了多项研究课题，迸发出耀眼的创造力和学术领导能力。他领导下的青年实验室，在数量分类学、分支分类学、数量生态学、植物数据库等领域取得大量成果。他领衔撰写的两本著作：《数量分类的方法与程序》（1990年）和《分支分类的理论与方法》（1994年），是中国植物学研究在这一领域的拓荒之作。这个科学界的初生牛犊敏锐地找到了植物学研究的新方法、新领域，迫切地要填补空白，跟上世界科学的潮流！

这当中还有一个插曲：1992年2月，28岁的钟扬，中科院最年轻的副研究员之一，接受美国密歇根州立大学的邀请担任访问学者。一年零八个月后，完成了美国国家自然科学基金会（NSF）资助课题“等级分类学数据库设计”，即将按期回国。他的导师、密歇根州立大学标本馆主任约翰·比曼（John Beaman）对钟扬的学术能力赞不绝口，极力挽留。那段时间张晓艳也在美国留学，攻读博士学位，约翰·比曼甚至还想通过做张晓艳的工作，将这个睿智锐气、充满想象力的年轻人Yang（钟扬的英文名）留下来。20世纪90年代初，正是国内的出国潮，选择回国的人很少，但是钟扬从没纠结过这个问题，断然拒绝了导师的盛情挽留。

钟扬在湖南老家的表哥吕放光是从电视上看到这个消息的。1994 年 1 月 16 日，晚上 7 点，正在看中央电视台新闻联播中华学人专题的吕放光，突然看到节目正在介绍钟扬在国外的研究成果，以及他放弃绿卡和国外的优厚待遇按期回国。吕放光知道，这是表弟的一贯作风。在大学时，钟扬和他至少每个月都会有一封书信往来，谈学习、谈未来、谈理想，那时的钟扬就是胸怀大志的热血青年。

在当时的大环境下，钟扬还有许多难能可贵的举动。钟扬和张晓艳都是自费公派出国，没有用国家一分钱，只是由邀请方资助少量的生活费。那时的访问学者都省吃俭用、努力存钱，以便在回国时能买几大件，如电视、冰箱、洗衣机、音响等。这几乎是每个人的省钱目标。钟扬也省吃俭用，但与别人不同，他把省下的钱都买成了办公设备，包括复印机、传真机、电脑等，要捐赠给单位。当时在密歇根州立大学读博士的周继明说，钟扬的行为让很多人不理解，更令人吃惊的是他竟然把张晓艳辛辛苦苦挣的钱也一起捐了。有工作签证的张晓艳在学校实验室有一份工作，回国前两个月，为了多攒点钱给公家买设备，还送过报纸，周末晚上去中餐馆端过盘子。

那次捐赠并不顺利，物品在海关久久不能放行。到海关提货时，工作人员都不相信，怎么可能有人用自己省吃俭用节约下来的钱给公家买设备。那时候做捐赠的都是亿万富翁，如李嘉诚、邵逸夫之类。海关不相信一个非富非贵的人也要捐赠，怀疑是否有通过捐赠来逃税之嫌。为此耽误了好几天，才把设备提出来。当然，这些设备后来在武汉植物研究所发挥了大作用，鼓舞了一群意气风发的年轻人，催生了一大批研究成果。

1997年，33岁的钟扬成为武汉植物研究所副所长，中科院系统最年轻的副局级干部。前途一片大好。但是，这位副局级所长却放弃所有的职级待遇，于2000年来到复旦大学做一名普通教授。

任文伟记得，有一天，学院组织新教工去报到和学习，刚刚博士毕业留校任教的他和刚到上海的钟扬一同前往生科院会议室听领导介绍院系情况。当时的院党支部书记高云宝开玩笑地对钟扬说：你从副所长的位置调到我们这里来当个普通教授，有点屈才啦！钟扬呵呵笑道：到哪里都一样干革命。

很多人不理解钟扬的选择。那时高校的大环境并没有什么吸引力，教师待遇低，科研经费少，正处在一个历史低谷期，许多高校老师都下海去了。“常人无法理解，亲友们更是无法理解，但这就是钟扬，他有他的大志，他有他的胸怀，他的理想、他的追求无人企及，也无人可改变。”吕放光说。

来到复旦一年后，他的《简明生物信息学》出版了。这一学科当时在国际上也是刚刚起步，在全球还没有一本成体系的教材。多年后，生物信息学发展得如火如荼，证明了他研究的前瞻性。迄今为止，这本教材依然是国内发行量最大、选用高校最多的生物信息学教材。

有人替钟扬惋惜：你当初回国早了，要是晚几年回来，就可以轻轻松松拿到“千人计划”，成为引进人才，待遇差别很大。有人忍不住为他分析：你那时的探索在国际上就已经属于开创，按照一般教授的通行做法，沿着这条实验室研究的道路走下去，可以想见能够抵达的科研高度，或许早就评上院士了。而这时，钟扬却再一次出人意料地将目光投向了我国生物资源最为丰富而人才极度匮乏的青藏高原。他要从学术研究的最高端、最前沿，转投“打地基”的工作——采集种子。

成功是每一个人都追求的目标，但对于钟扬，成功从来不是他的信仰。这些年，从渴望成功，到追求成功，再到逐渐放弃“成功”，一次次在接近巅峰时毅然转身，放弃对个人目标的极致追求，转向国家、人类更重要的需求，他的身上有着“功成不必在我”的豪情与洒脱。他说，“人活在世上就要做有意义、有价值的事情。为社会做事，为时代做事，就是最大的意义”。

一次次转身，向着新的高地不断奋进，他的身上体现出“亦余心之所善兮，虽九死其犹未悔”的坚韧与顽强。别人孜孜以求的东西，到他这里可以变得很“轻”；对自己所肩负的理想与使命，他看得比什么都“重”。

“我是一个在红旗下长大，受党的教育培养多年的青年科技人员。在学生时代，我就向往加入中国共产党。作为共青团员，我曾宣誓为共产主义事业而奋斗终身。今天，我对中国共产党更加坚信不移，愿为党工作，为革命事业奋斗终身，愿接受党的一切考验。”1990 年 4 月 26 日，26 岁的钟扬在入党志愿书中郑重写下这段话。一笔一划，铿锵有力。那时的他已坚定科教报国的信念。

“他是一名真正的共产党员，他不断地把自己的小我和国家的大我结合在一起，上天赋予他超人的智慧、旺盛的精力，他不是用来追求财富、名利等个人私利，而是几

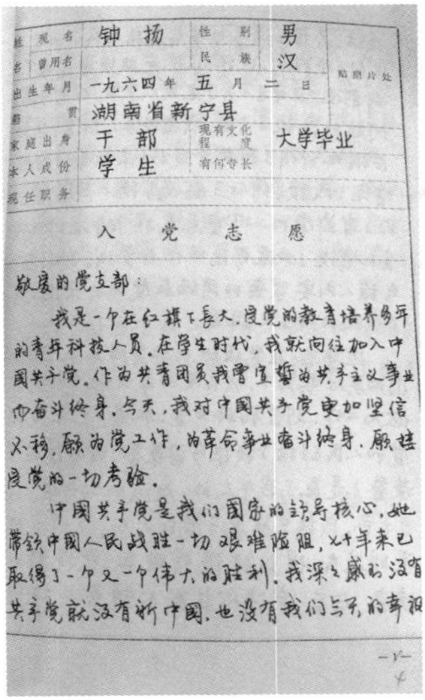

姓名	现名	钟扬	性别	男	贴照片处
	曾用名		民族	汉	
出生年月		一九六四年 五月 二日			
籍贯		湖南省新宁县			
家庭出身		干部	现有文化程度	大学毕业	
本人成份		学生	有何专长		
现任职务					

入党志愿

敬爱的党支部：

我是一个在红旗下长大，受党的教育培养多年的青年科技人员。在学生时代，我就向往加入中国共产党。作为共青团员我曾宣誓为共产主义事业而奋斗终身。今天，我对中国共产党更加坚信不移，愿为党工作，为革命事业奋斗终身，愿接受党的一切考验。

中国共产党是我们国家的领导核心，她带领中国人民战胜一切艰难险阻，七十年来已取得了一个又一个伟大的胜利。我深深感到没有共产党就没有新中国，也没有我们今天的幸福

—V—

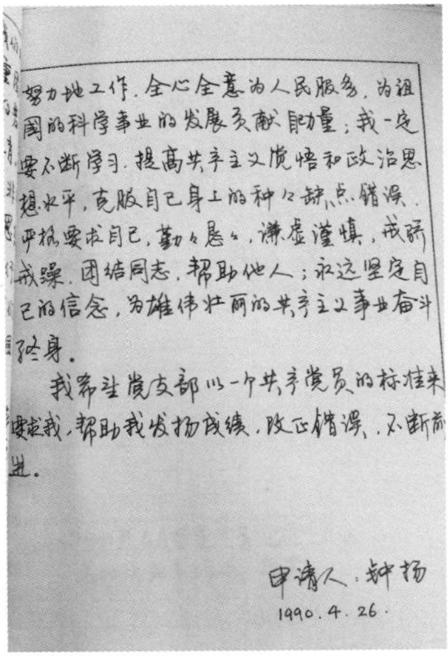

努力地工作，全心全意为人民服务，为祖国的科学事业的发展贡献力量；我一定要不断学习，提高共产主义觉悟和政治思想水平，克服自己身上的种种缺点、错误，严格要求自己，勤勤恳恳，谦虚谨慎，戒骄戒躁，团结同志，帮助他人；永远坚定自己的信念，为雄伟壮丽的共产主义事业奋斗终身。

我希望党支部以一个共产党员的标准来要求我，帮助我发扬成绩，改正错误，不断前进。

申请人：钟扬
1990.4.26.

钟扬的入党申请书，记录了他坚定的科教报国信念

乎把所有的时间和精力都用在科研和事业上，用在祖国最需要的地方。”同事感动于他一次次的人生选择。

“他本可以成为科学界的‘北美红杉’，在个体的生长上达到很高的高度——分布于美国加州的北美红杉株高可达 150 米以上，每一棵北美红杉都算得上是一个真正的‘成功者’。他却放下个人的成功，把自己的追求和祖国的科研事业结合在一起，成为一名先锋者和探路者。这是成功的另一种形式，或者说更为高尚的形式。”复旦大学研究生院综合办公室副主任包晓明这样理解身边这位永远忙得停不下来的钟院长。

2015年5月6日，长海医院重症监护病房。

入院第5天，还没有度过危险期。

担心出现意外，说话还含糊不清的他一字一句艰难口述，请学生记录下一封给党组织的信：

我是复旦大学的一名生物学教授，也是西藏大学校长助理、教育部长江学者特聘教授及中组部第六、七批援藏干部。我刚获得了2015年度全国先进工作者的荣誉并上台领奖，亲耳聆听了习主席的重要讲话，干劲倍增。

在过去的14年间，我走遍了西藏的山山水水，考察当地的生物资源，成了西藏生物多样性和生态环境的“活地图”。我们共建的西藏大学生态学博士点已改变了西藏高等教育的历史，为培养高水准的生态学人才奠定了基础。近年来，我们在西藏的各方面工作也取得了长足进步。但我深知，这些工作还需加大力度。

他继续一字一顿地说道：

路漫漫其修远兮。14年的援藏生涯对我而言，既有跋山涉水、冒着生命危险的艰辛，也有人才育成、一举实现零的突破的欢欣；既有组织上给予的责任和荣誉为伴，也有窦性心律过缓和高血压等疾病相随。就我个人而言，我将矢志不渝地把余生献给西藏建设事业……

选择怎样的信仰，就意味着选择怎样的人生。他的人生始终与祖国同行，他是时代的先行者。他的身上集合了多重身份，他是科学家，是援藏干部，是人民教师，是科普大家，是研究生教育领导者……而无论何时何地，他的第一身份始终是共产党员。

这条不知疲倦的鱼儿，此刻动弹不得，却无比渴望奔腾的浪花。他还有好多事情没有做。他放不下西藏。

5 月 15 日，入院第 13 天，他就出院了，几乎创造了

深夜，钟扬依然在工作

这家医院脑溢血康复的最快速度。

那些天，右手还不灵便，连餐盒都打不开，他倔强地坚持自理。右脚还没有知觉，在病房的走廊里，他扶着墙一点点练习走路。住院十多天，他还“顺便”审改了好几本学生论文，把一本书的译稿校对了出来。

5 月 18 日，他一步一挪从家走到了复旦大学的办公室，正式恢复工作。

包晓明看到，深夜，钟院长办公室的灯又亮了。

他就像一盏灯，给予了很多人光和热，点亮了一颗颗年轻的心。他的乐观积极带动着身边所有人，他的高尚和纯粹感染着身边的每一个人。他始终把党放在心中最高位置，始终牢记第一身份是共产党员、第一职责是为党工作。他要用一生写就一本顶天立地的“大书”，书的扉页是四个闪光大字：共产党员。

第三章

追赶时间

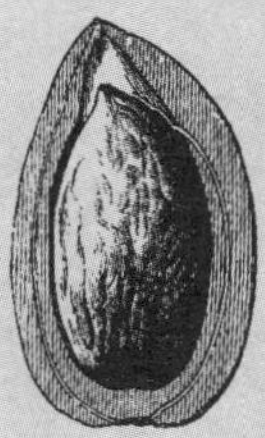

种子的力量：读懂钟扬

时间是宝贵的，它对每个人也是公平的，从不偏爱谁，但有的人得的多，有的人却得的少。这种多或少，全由你珍惜或者浪费来决定的。

知识跟着时间走，多抓住一分钟，就多一份收获。

时间最公正，它不会亏待勤奋学习的孩子，也不会便宜不干正事的懒汉。

时间，对于懒惰者像一只蜗牛，背着你慢吞吞地爬行；对于勤奋者却像滔滔的江水，驮着你日夜向前！

钟扬，1984年

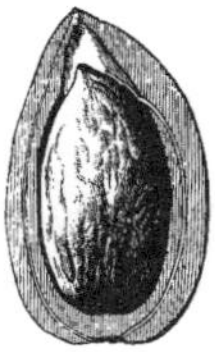

2017 年 5 月 4 日，凌晨 4 点。

天色微明，黑夜渐渐隐去，太阳还在积蓄力量。成都双流国际机场候机大厅里，已经响起稀稀落落的脚步声，伴着行李箱轮子划过地面的声音。

钟扬扫了一眼笔记本电脑右下角的时间，合上电脑，连同一沓稿纸塞进身旁一个老旧的双肩包，起立，抡包背上，一系列动作熟练流畅。起身后，才发觉右腿关节疼得厉害，脚趾也痛。原地活动两下，他便一瘸一拐地往机场柜台走去。进出西藏的机票有时非常紧张，为了买到最早航班的机动票，他要早点去柜台等着。这天运气不错，买到了6点多起飞的航班。

这些年，钟扬的生活由“上海”和“西藏”两部分组成：他是复旦大学党委委员、研究生院院长，生命科学学院教授、博士生导师，教学科研和管理岗位“双肩挑”；他还是教育部“长江学者”特聘教授，受聘到西藏大学工作，是中组部援藏干部、西藏大学生态学一流学科带头人。在哪里他都是出了名的工作“疯子”。

5月3日，前一天刚过完53岁生日的钟扬，在复旦大学忙完一天的工作，便马不停蹄地到上海浦东机场赶最晚一班飞机前往成都，落地已是次日凌晨一点多。成都到拉萨的最早航班早上5点左右开始办理登机手续，中间也就3个多小时，他习惯就在机场候着。一来需要处理一天的邮件，二来继续完成手头的一大堆工作。困了，就在机场的候机楼里找个座位打个盹。

他已经记不清这是第几次睡在机场候机楼椅子上了。看着午夜稍显冷清的候机楼，他想起上海家中熟睡的妻子和大儿子，还有住校的小儿子，心中涌起一丝歉疚。这一晚晓艳又没睡踏实吧，她说我一出差她夜里就常常会醒。两个孩子应该睡得正香，都是马上要满15岁的小伙子，正是长身体的时候。

5点20分。

随着排队办理登机手续的人群，他又往前挪了几步，右腿还是疼得厉害。大概是在候机楼里着了凉，痛风的老毛病犯了，坐久了痛，站久了也痛。“痛风，痛风，痛起来要人发疯”，每次发作起来他都喜欢这么自嘲。

他下意识地摸了下衣袋，衣袋里有几张小卡片，密密麻麻记着各种待办事项，他从里面抽出一张。这是他多年的习惯，每做完一件事就划去一条，事情做完纸片就扔了，做不完的誊到下一张卡片上。他迅速把当天要做的几件事在脑子里捋了一遍，又在卡片上加上几条。

时间真不够用。这些年，他一直有一种紧迫感：高原反应的危害可能要5到10年后才显现，希望老天再给我

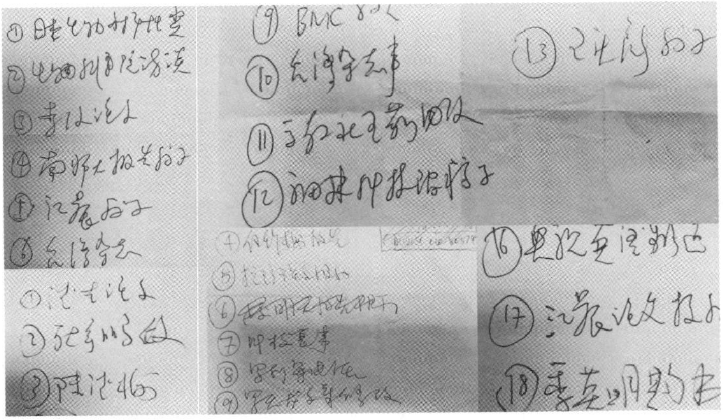

随身带着的小卡片上记录着钟扬的日常工作

10年时间。

两年前51岁生日的那场大病后，他的紧迫感更强了。2015年底，大病初愈的他，第三次向组织递交了继续担任援藏干部的申请书，成为中组部第八批援藏干部。

家人对他生病后“变本加厉”的工作节奏很担心，80多岁的老父母打电话，希望他能减少一点工作，他每次都说，我没事，好着呢。每次电话说不了几句就要挂，要么是马上要上课了，要么是马上要开会了，要么是马上要登机了，急得母亲只好写信劝他。

张晓艳看他回到家后疲惫的样子很是心疼，可几次劝说无效也就不再言语了。“他这人挺难改变的，我们能做的就是不给他加重负担。”张晓艳懂他，默默地数着他一次次往返的日子，仔仔细细记着他说过的话：“希望老天再给我10年，把人才梯队真正带起来。等到西藏的事业能够可持续发展，那时我会考虑留在内地帮助西藏。”

登机手续办妥，窗外天色亮了些。钟扬在登机口附近的长椅上坐下，再一次打开笔记本电脑，继续刚才没有处理完的事情。他非常善于利用碎片时间，能够做到随时打开电脑就工作，被打断后毫无过渡就立刻接上。他颇以这一“断点续传”的能力为傲。这让他从各种间隙里挤出了

钟扬肩上的大包里装着他走过的“山山水水”

尽可能多的工作时间。

因为这种“见缝插针”工作法，他的双肩包里除了笔记本电脑，还有写满密密麻麻字迹的各种手稿。他会在等人的时候写文章，也会在飞机上写文章，还在会议主席台上偷偷写过文章。一次，有学生想帮老师接一下双肩包，一不留神差点儿没接住。他的学生赵佳媛说，大家掂量过老师的双肩包，得有几十斤吧，要两个人才能比较轻松地拎起，他却走到哪里都背着，上课、出差、去野外。

双肩包的背带早就磨毛了，表面的织布好几处都磨破了，那里面装着山山水水的跋涉，是他行走在祖国大地的最好见证。

早上约 6 点。

天刚刚亮，从成都飞往拉萨的航班起飞。“顺利的话 8 点前到拉萨，正好投入一天的工作，自己赶一赶，复旦和西藏大学两边的事情就都不耽误。”钟扬曾得意地向学生拉琼炫耀自己摸索出来的这套“最佳时刻表”。

这确实是一份紧凑得不能再紧凑的时刻表。挤压时间的同时，一再挤压的，还有他的身体。进藏会有高原反应，离藏则会醉氧，即使西藏当地人往返西藏与外地也会选择先适应一两天，但他从来都是不休息就直接开始工作。朋友们见到他都说，你不要命啦，这么拼！可他就是慢不下来、放不下来，他心里急呀，时间不等人。

起飞最初阶段，他通常会抓紧时间眯一会儿，基本一合眼就睡着了。飞机进入平飞阶段后，灯一亮他就醒了，15 分钟的睡眠让他觉得舒服多了。从双肩包里拿出学生论文的打印稿继续修改，又批注了几十页。随着飞机下降，他向舷窗外望去。他已无数次从空中俯瞰青藏高原这大开大合纵横交错的切割，每一次，哪怕只一眼，也让他生出无限壮志和温情。

对于“到西藏去”这一选择，钟扬从不后悔。长他 17 岁的忘年交、复旦大学生物多样性科学研究所原所长陈家宽说：“我懂得他。他每做一件事情，都在追随他的梦想，不同阶段有不同的追求方式”——

在中国科学院武汉植物研究所工作的 16 年，他是走在时代前列的科研工作者，是热情的传播者——正值改革开放初期，国门初开，他不断把国际上最新的研究方法介绍到中国，推动我国植物学研究的发展。

1984 年，钟扬与正在武汉大学生物学系攻读博士学位的陈家宽结识。那时的钟扬负责植物所唯一一台计算机，学习无线电专业的他要尽快投入到植物所的工作中，为此花了整整两年业余时间，到武汉大学生物系旁听所有课程，系统学习了分类、系统、进化、生态等宏观生物学。那段时间，一群人时常在珞珈山上、东湖边“头脑风暴”，数量分类和分支分类方法在水生植物中的应用，就是陈家宽和钟扬在国内的首创。

从副局级所长到高校的普通教授，也是一次追梦——随着科教兴国战略实施、国家“211工程”和“985工程”启动，钟扬希望从科学家转型为既搞科研又搞教学的大学教授，这是圆自己的教师梦，更是听从时代的号角。他迫切希望把掌握的知识，更快速地传递下去。

所以，当2000年接到移职复旦大学的老友陈家宽教授的邀请，已经当了三年副所长、干得风生水起的钟扬很快向所里提出离职申请。陈家宽记得，“当时我明确问他，你在武汉是副局级干部，父母又在武汉工作，你下决心跟我来了吗？他毅然地回答，我绝不后悔”。

走进青藏高原，践行学术援藏，是钟扬的又一次逐梦——他要为几十年、几百年后的人类储存下种子和希望。陈家宽这样理解钟扬三年又三年的坚守：“在做援藏干部之前，他就已经在复旦大学为西藏大学培养博士，同时进行合作研究。在这一过程中，他深刻地感到西部地区

“我独自远航，为了那些梦想”

在科技和人才培养上，还存在巨大差距。他有一种强烈的使命感，要把西部欠发达地区的科学研究和少数民族的高等教育带进新时代的建设进程中。”

飞机平稳地降落在拉萨贡嘎机场时，机舱电子屏上的时间刚刚跳过9点。钟扬从经济舱狭窄的座位上站起来，再次背起双肩包，拖着疼痛的腿大步往外走。微凉的山风扑面而来，捎带着拉萨河的气息，他大吸了一口。

拉琼已经在贡嘎机场出口大厅等着老师了。想到又能见到老师，一早，他就兴奋地开着“牛头车”出门了。在藏区大家都把丰田越野车称为“牛头车”，良好的通过性最适宜野外科学考察。

拉琼是钟扬在西藏大学带出的第二个藏族植物学博

士。2006年夏天，刚从挪威卑尔根大学拿到植物学硕士学位的拉琼回到西藏大学，那段时间钟扬正在西藏大学工作。睿智、自信、渊博、幽默、热情，初次见面，拉琼就被眼前这位上海来的学者折服了。

2011年，拉琼考取钟扬的博士研究生。跟随老师11年，在拉琼心中，钟老师是自己人生中最重要的良师、益友，也是事业发展的精神支柱。

“钟老师！”看到熟悉的身影一瘸一拐地走来，拉琼赶紧迎上去。

“没事，一会儿就好，咱们走，抓紧时间。”注意到拉琼的眼神有些迟疑，他说着就径直往副驾驶座位走，一下子把拉琼落在后面好几米。

拉琼快步跟上准备开车，只见老师在对面扶着车门，用力撑起自己的身体，缓慢地往里挪进一条腿。越野车的车架高，再拉一把，才挪进另一条腿，坐了下来。

花了有三分钟吧。那三分钟，拉琼觉得有半个世纪那么长。刚注意到老师迟缓的动作时，拉琼直后悔自己因为着急竟忘记先去帮老师。他想下车过去扶一把，老师的神情叫住了他。

自从2015年那场大病之后，再次进藏，拉琼明显感

拉琼（左）是钟扬带出的第二个藏族植物学博士

觉到，老师的身体大不如前了。这种越野车他以前常坐，可现在，有时连上下车都很费劲。

“钟老师，下次您能不这么赶时间吗？”看着老师的疲态，拉琼不忍。这么大的科学家，一点不把自己当专家，什么都不讲究。

“没事、没事，我很好。玩的就是心跳嘛！”“我还要在西藏再干十年呢！”喘气还没停，他就用带着两湖人特有口音的普通话逗拉琼。他黝黑憨厚的笑容有一种天然的感染力，诙谐的语调透着革命乐观主义的豪情。可此刻拉琼听着，只觉得心里酸酸的。

这次进藏，钟扬的日程表像往常一样排得满满当当。

下午 3 点半。他作为评议专家，参加西藏大学医学院博士生答辩会。他对西藏地区植物的研究，最早就是从藏药开始的。从西藏大花红景天、手掌参，到高原香柏、山岭麻黄等，这些年他始终关注着这一领域。

他认为，种子可以为人类提供水果、花卉，改善人们的生活，更重要的是提供粮食作物，还有药材。包括我们现在了解到的青蒿素，也是来自植物，如果有了它的种子，就可以在全国乃至世界各地进行栽培，从中获取青蒿素这样有用的药物。

见缝插针地处理事务，钟扬永远在和时间赛跑

下午5点。钟扬开始与西藏大学的老师和同学们一起处理学科建设和学术研究方面的事情。他在西藏大学的宿舍就像是“诊室”，大家都带着问题来向他请教，一刻也停不下来。只要钟老师在，大家的心就特别定。钟扬常说，到拉萨不是出差，是回到他在这边的家。这些年，他待西藏大学的同事如家人，大家也早已把他当作交心的兄弟。

看着那个忙得都顾不上喝水的高大身影，徐宝慧觉得亲切又踏实。徐宝慧原先在西藏大学理学院任党委书记，有几年和钟扬共用一间办公室，之后调到文学院任党委书记。2015年5月2日，得知钟扬突发脑溢血，徐宝慧赶到上海看望。他和大家一样，心疼钟扬的身体，但也担心他以后再也来不了西藏了。钟扬不在，很多还没做完的事大家不知从何入手。没想到，几个月后，钟扬那招牌式的憨厚大笑又回响在西藏大学理学院的楼道，那一刻，整个理学院都沸腾了。

同事们提醒他注意身体，把节奏放慢些。最开始他还能管住自己，有两次是坐着火车出差的。但很快，他就把医生“不能再去西藏”的叮嘱丢在一边，像钟摆一样忙碌了起来，又回到了每天只睡 3 个小时的生活。

晚上 11 点。“坐诊大夫”终于忙完了当天的工作，打开电脑在网上评阅国家基金委的申请书。

凌晨 1 点。钟扬开始处理邮件。很多人都发现，常常当天下午甚至晚上和他沟通的事情，他半夜就给对方发去邮件。这些邮件主题不一，有时是同行间的学术争鸣，有时是学生的课题研究指导，有些是研究生教育管理，有些是学校老师反映问题，有的甚至是陌生人的请求，他都会一一作答。

凌晨 2 点。该睡觉了。

他推崇格拉德威尔的“一万小时理论”，持续不断的努力是从平凡到卓越的必要条件。并非植物学“科班”出身的他，一步步成长为生物多样性研究领域的领军人物，很多人诧异，他却觉得再自然不过：学习大学专业课也就两三年时间，毕业后的人生有那么多两三年，只要肯学，什么学不会呢？

武汉植物研究所是中国植物学研究的三大主要基地之一，与广州的华南植物研究所和云南西双版纳热带植物研究所各有擅长。所里有16个特色植物专类园，其中包括世界最大的水生植物资源圃、世界上遗传资源最丰富的猕猴桃专类园。为了了解每种植物的特性，他一有空就泡在园子里，熟稔上千种植物。后来讲起这段经历，他说，“我在武汉植物所待了15年，现在的孩子一听15年就摇头。其实，很多研究生听几年音乐，复习几年外语，学几年计算机，再搞几年金融，合起来也是15年，却一事无成。假如你专注于一件事，15年也许就成为某个领域的专家了”。

他说：“很多人30多岁就不学习了，反而逼着自己的孩子学这学那。我要一直保持热爱学习的状态。没人规定援藏干部要学藏语，但是可以用藏语是表达尊重的最好方式。现在我已经能听懂四分之一了！”

这是他的肺腑之言。少时的学习经历，让他深深懂得，时间最公正，它不会亏待勤奋学习的孩子，也不会便宜不干正事的懒汉。他一直提醒自己，要做时间的主人。在上海时，他在复旦大学的办公室总是凌晨一两点钟还亮着灯，除了出差，他在办公室的时间表是周一至周日。他的闹钟固定地设在凌晨3点，不是用来叫早的，而是提醒他到点睡觉。这天凌晨4点要起床，准备出发去野外，他特意把“喊睡”闹钟提早了一个小时。

4点，该起床了。

粥已经煮好，他拿出两盘备好的小菜。学生们陆陆续续到他的宿舍集合，围坐在一起吃早餐。“来吃早饭”，同学们已经习惯老师这样的嘱咐。

5点，出发。赶往墨脱进行野外科学考察。

墨脱，我国最后一个通公路的县，是雅鲁藏布江进入印度阿萨姆平原前流经中国境内的最后一个县，也是西藏东南部最偏远的一个县。

这一次，除了野外的科研工作，钟扬还心系着墨脱的百姓。墨脱缺少经济性作物，百姓生活还很贫困。2016年，钟扬在墨脱种植了一片咖啡树，他关心那些咖啡树的生长状况，早想过去看看，“如果能种植出优质的咖啡豆，就能够帮助当地百姓脱贫”。

几年前，钟扬曾听过当地最偏远的背崩乡上钞希望小学的援建故事。那是一位上海老人拿出自己的积蓄和在厂里募得的款项建起的学校。复旦大学学生连续多年利用寒暑假在此开展“圆梦墨脱”支教行动。这一次，他想去那里，为 160 多名门巴族学生作科普讲座，看看还能为他们做点什么。

……

这是在同事、学生、家人的回忆中勾勒出的 2017 年 5 月的一个昼夜。这一天，只是他半生跋涉途中的寻常一瞬。

这些年，他一直在与时间赛跑。儿时，父亲的教诲他须臾不敢忘：“世界上最宝贵的东西是什么？是时间。其他东西若失掉了，还可以买回来，时间失掉了，无论用多少金钱也买不回来。”

年少时的他也曾感慨：“时间，对于懒惰者像一只蜗牛，背着你慢吞吞地爬行；对于勤奋者却像滔滔的江水，驮着你日夜向前！”

学生扎西次仁说，与老师相识十几年，他每年高原上来回十几趟，大大小小的国家法定节假日基本上都是在高原工作中度过的。赵佳媛记得，一个小年夜，近十个小时的出差火车上，老师还在全程口述翻译书稿。

钟扬的好友、中国科学院物理研究所研究员曹则贤说起一个故事：有一次钟扬给他打电话，请他第二天上午 9 点去复旦讲一堂课，但是当天晚上去上海的航班没有了。

钟扬便说，今晚到上海的航班是没了，但是我知道还有一个航班，是北京飞杭州的。你这么做，晚上先飞杭州，然后从杭州机场去杭州火车站，在那儿呆一晚上，坐第二天早晨第一班火车到虹桥火车站，然后早上9点之前你肯定可以赶到复旦，没有问题。曹则贤说，如果是别人提出这样的要求，谁都会觉得特别无礼，但是知道钟扬的为人，知道他是怎么工作的，就知道这一切对他而言再正常不过。

他就是这样分秒必争、日夜向前呵！

风风火火的钟老师，也有慢下来的时候。拉琼说："比如有时候他坐飞机飞到拉萨，我去接他，想着陪他在外面小饭店吃点，可以节约点时间早点休息。可他这时候却不急了，固执地非要到超市去买各种菜，到宿舍洗菜切菜做菜，让我把学生们都叫来宿舍一起吃。"

中国科学院院士、中国科技大学校长包信和印象里的钟扬，是一个把时间一点一滴都抓得很紧的人，有时遇到不感兴趣的"陪会"，他会自顾自地摆弄手机，用他的说法，有1分钟就能写很多字。

可到了高原，总是把时间表精确到分钟、惜时如金的钟扬学会了慢下来。他喜欢讲一个关于"耐心"标准的段子：

到餐馆去吃饭，法国人一个小时不上菜也不着急，大家坐下来喝喝红酒、说说话有什么不好呢？我们总喜欢催问服务员："怎么还不上菜？"表面上看好像是人家服务质量不好，其实是你的忍耐力没了。在西藏，我们有一次路过一个边境小镇，去最大的饭店，才两张桌子。那菜上来也是一个小时以上。你抱怨什么呢？在上海，如果一个司机说前面修路要绕路，绕出4公里我们就火冒三丈。在西藏跑野外，路断了，我让司机绕一下，680公里。这就叫西藏。

他说，改革开放带来中国经济的飞速发展，但是，作为一个有着五千年文明的民族，我们的耐心在快速地丧失。十多年扎根西藏，让他明白了一个道理，在青藏高原做事，急不得，必须要做长期打算，一切都才刚刚开始。

第四章

走，去西部

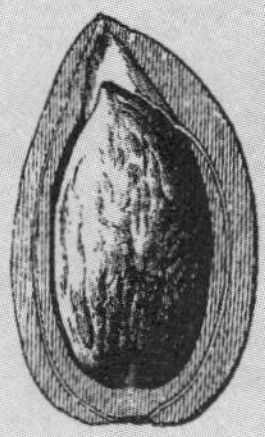

种子的力量：读懂钟扬

梦想，无论多么遥远，总驻守在我们心底。创新的心永远无法平静。只要心在不断飞翔，路就不断向前延伸。

钟扬，2013 年

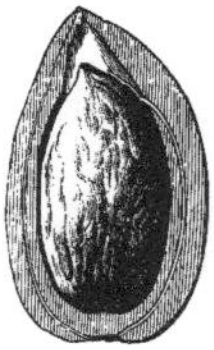

10月，西藏的秋末。

位于雅鲁藏布江和尼洋河下游的沿江河谷里，巨柏塔形的树冠和挺拔的树干十分惹眼。这是西藏特有的古树，藏族人称“神树”，因焚香需求旺盛而被大量砍伐，已被列入珍稀濒危国家一级重点保护植物。沿着雅鲁藏布江，钟扬和扎西次仁找到巨柏遗传多样性最多的林芝县巴结乡。

扎西次仁是钟扬带出的第一个藏族博士毕业生，两人同龄，亦师亦友。2005年，扎西次仁在确定以“西藏巨柏的保护遗传学研究”作为博士论文的主题并获得国家自然科学基金项目资助后，师徒俩连续3年在西藏东南地区沿雅鲁藏布江两岸调查该植物的分布与生境。

上千年的巨柏下枝很高，都长在悬崖边，周围遍布灌木丛，很难接近。两人爬上陡崖，脚下就是滚滚江水。3年里，爬了近两千棵巨柏，才将现存3万余棵西藏巨柏逐一采样、登记造册，将数千颗种子贮存在我国最大的植物种子库——位于昆明的西南野生生物种质资源库，将十余个野生居群的遗传变异用分子标记来比较分析，为保护好这一西藏特有的濒危物种提供科学依据。通过对比研究，他们还找到了可在制香功能上替代西藏巨柏的柏木，从根本上为珍稀巨柏筑起了保护屏障。

“种子不是天生长在那里等着你。”3年下来，扎西次仁更加理解了老师的话。

采集种子的工作，枯燥而严谨：每种植物的样本数量要达到5 000粒，濒危物种样本一般需要500粒。为了保证植物遗传信息独立，每个样本之间的距离不能少于50公里。为了得到需要的种子，攀岩、爬树、蹚河，都是家常便饭。早上5点钟出发，晚上八九点钟到达宿营点，一天奔波800公里已是极限。在宿营点还要连夜处理标本，夜里两三点钟才能睡下。

每一颗采集到的种子都要精心处理

“再坚持一下！”“不压标本就会废掉，一天就白采集了。”钟扬会带头把白天采集的植物洗净、摊平，给它们拗个造型，充分体现出植物的特点；再把植物夹在报纸、硬纸板或木头标本夹里。

“采种子，我最喜欢蒲公英，一抓一把，差不多200颗；最讨厌椰子，这么大一颗，一个样本要采5 000颗，要用卡车去拉。西藏沙棘的种子难采，一采满手都是刺……”说起种子，钟扬一肚子的故事。

为了得到西藏毛桃的种子，他在办公室门口摆一张台子，“要求”所有路过的汉族、藏族老师、学生，每个人必须消灭7颗。野生毛桃很难吃，“如果超过10颗，很多同志一辈子都不想再见我了”。

8 000颗毛桃啃了整整3天，才把核都啃出。用牙刷刷干净，再用布擦干，自然晾干。接着送到云南昆明的种质资源库，抽样进行发芽试验，筛选出5 000颗，封到瓶子里。这么一套流程做完，就算完成一个样。那个夏天，他和学生做了500种植物样本。

位于云南昆明的中国西南野生生物种质资源库，依托中国科学院昆明植物研究所建设和运行，2007年建成并投入试运行，至今已有超过9 000种植物的7万多份种子，是亚洲最大的种子库，并跻身世界三大种子库之列。这当中，来自青藏高原的种子，大部分来自钟扬和他的学生。

全球另外两大种子库分别是离北极1 000公里左右的永久冰川冻土层里的挪威斯瓦尔巴特种子库，还有历史悠久的英国皇家植物园——邱园的千年种子库。

一颗种子，对人类来说意味着什么？

“种子看起来非常小，但是在显微镜、扫描镜下，都特别漂亮、特别美丽，无论是结构还是色彩。这些东西表明什么呢？种子可能给我们的生活，或为我们今后的建筑，或为我们的艺术，或为我们的材料科学，提供崭新的思路。”钟扬兴致勃勃地描述种子。

1964年，袁隆平在水稻中发现天然雄性不育株，随

每一颗种子都有可能改变生活

后提出利用“远缘的野生稻与栽培稻杂交”的新设想。1970年，他和助手在海南岛发现了一种花粉败育的野生稻，简称“野败”；通过反复选育，终于得到了杂交水稻，由此带来了我国农业生产的一次根本变革。这颗种子将“五谷苍生”的东方梦想传播五洲，将多养活这个星球的四五亿人，接近全球饥饿人口的一半。

1904年，英联邦国家的“植物猎人”在湖北宜昌农村意外发现了一种植物。今天我们知道它叫猕猴桃，而当时即使在宜昌城和武汉都没有人吃它。那些“植物猎人”觉得这种植物成熟了以后味道非常美，而且有一种特殊的风味，于是从树上剪下20多根枝条带了回去，最后在新西兰用带回去的父本和母本进行育种，得到了一个重要品种，就是后来风靡全球的“奇异果”。一个来自中国的植物，成就了新西兰的第一大产业。

在钟扬大学毕业后工作的中国科学院武汉植物研究所里，最重要的一个研究对象就是猕猴桃。这是一个时常被讲起的有趣却也让人有些心酸的故事。

钟扬深知，人类的进步离不开农业的进步。种质资源，对一个国家的农业和粮食安全至关重要，更事关国家生态安全，事关人类未来。种质资源几乎是所有重大生物研究成果的基础，它可以被看作是物种遗传信息的一种载体，也是未来科技较量的必争之地。

对西藏植物种类研究和利用的历史，可以追溯到很远。约在公元753年，主要由藏族医生编著的《四部医典》中，就收载了植物药209种，并且按木、草，以及有无香味进行了分类。1840年由旦增平措编著的《晶珠本草》，收入植物药774种，计树木类182种，草类264种，作物类40种，芳香类146种，其他142种。在很久以前，对当地植物的认识和利用已达到了较高水平。

1830年到1832年，藏族喇嘛仁僧加措在西藏山南一带进行植物标本的采集，可以说是当地人用近代植物分类学的方法研究西藏植物的开始。遗憾的是，限于当时的历史条件，这种研究并没有继续下去。甚至直到新中国成立前夕，我国植物学工作者想去西藏开展工作都难以实现，只有老一辈科学家刘慎谔到了其西北边缘，王启无到了察隅县的察瓦龙。一些外国人以探险家、博物学家、旅行家、登山队等身份，从 20 世纪初直到新中国成立前夕，多次多人到西藏采集了不少植物标本、苗木、种子。在此基础上，1902 年赫姆斯利（Hemsley）的《西藏（亚洲高地）植物志》（*The Flora of Tibet or High Asia*）出版，这是研究西藏植物的第一本比较系统而全面的著作，但也只是局限于某些科属。

1950 年西藏和平解放，对西藏植物的研究开启了一个新纪元。1951 年，中央文化教育委员会组织的西藏工作队进藏，崔友文、钟补求、贾慎修是我国第一批进藏的植物学工作者。1959 年我国登山队第一次攀登珠峰，植物学工作者王新光、梁崇志参加。在新中国成立初期两次国家科学发展规划中，都把青藏高原科学考察列为重点科研项目。中国科学院从 20 世纪 50 年代到 60 年代，先后组织了四次综合科学考察，但在我国的科考地图上，西藏不少地区仍属空白。

20世纪70年代，我国首次对青藏高原地区进行综合性科学考察。1973年，由中科院牵头，成立了一支青藏高原综合科学考察队，对西藏的地质、地理、生物资源进行全面考察，专家队伍涵盖50多个专业领域，中国科学院院士、中科院原副院长孙鸿烈任队长。在西藏的野外考察路线，西至狮泉河的什布奇，南达墨脱，北至昆仑山的喀拉木伦山口，考察足迹几乎遍布西藏各地，参加人数也超过以往任何年代。

1976年底，在青藏队的主持下，中国科学院植物研究所、昆明植物研究所、西北高原生物研究所等单位共同着手筹备的《西藏植物志》，分5卷出版，记载西藏自治区野生及习见栽培的高等植物，包括蕨类、裸子植物、被子植物计208科1 258属5 766种。

青藏高原神奇植物的面纱被一点点揭开，但依然存有许多难解之谜、未涉之境。与此同时，随着全球气候变化，每时每刻都有植物面临消逝的危险。

2017年8月19日，第二次青藏高原综合科学考察研究启动。习近平总书记发来贺信，从国家战略层面强调了青藏高原的重要性，从国家需求角度定位了青藏高原的四个功能：“青藏高原是世界屋脊、亚洲水塔，是地球第三极，是我国重要的生态安全屏障、战略资源储备基地，是中华民族特色文化的重要保护地。”特别强调，希望参加考察研究的全体科研专家、青年学生和保障人员“发扬老一辈科学家艰苦奋斗、团结奋进、勇攀高峰的精神”。

科学家们振奋、热望——总书记以敏锐的战略眼光和全球视野，从推动青藏高原可持续发展、推进国家生态文明建设、促进全球生态环境保护的大需求出发，提出第二次青藏高原综合科学考察研究的科学目标，是“揭示青藏高原环境变化机理，优化生态安全屏障体系”。从服务社会、造福人民的高度，提出成果产出预期，即“聚焦水、生态、人类活动，着力解决青藏高原资源环境承载力、灾害风险、绿色发展途径等方面的问题，为守护好世界上最后一方净土、建设美丽青藏高原作出新贡献，让青藏高原各族群众生活更加幸福安康”。

“第一次的青藏高原考察基本是填补空白的作用，小到昆虫，大到地球物理，都调查清楚，并科学地整理出来。”孙鸿烈说，“第二次青藏高原考察，实际上是对科学问题的专题研究。要确保青藏高原生态屏障的功能，而且要使其功能发挥得更加充分。也要使西藏几百万藏族同胞的生活更加改善，使他们的发展能够更加持续。”

中央对青藏高原科学考察的重视，同样令钟扬欣喜不已。这些年在西藏的工作，促使他不断思考，能够为西部的发展做点什么：

初到这片土地，只为盘点世界屋脊的生物家底，寻找生物进化的轨迹。在漫长的科考道路上，我慢慢意识到，这片神奇的土地需要的不仅仅是一位生物学家，更需要一位教育工作者。将科学研究的种子播撒在藏族学生的心中，也许会对未来产生更为深远的影响。

从2001年起，钟扬先是在十年中自主进藏开展科

钟扬将科学研究的种子播撒在藏族学生的心中

研，此后更连续成为中组部第六、七、八批援藏干部。盼着他能多顾点家的张晓艳有些无奈，却也只能默默支持："每一期的援藏结束，他都有无可辩驳的理由继续——第一次是要盘点青藏高原的植物家底；第二次是要把西藏当地的人才培养起来；第三次是要把学科带到一个新的高度。"

他的思考不仅仅停留在发表文章上，他想的是，能够给这片土地和在土地上劳作的人民带来什么。在一次以《弘扬劳模精神　培育创新人才》为题的发言中，他这样讲道：

有些专业的导师和研究生热衷于做"高大上"的研究项目，把发表论文作为科技创新的唯一指标，而该专业在我国工业制造领域的重要性主要集中在工艺和集成创新方面，这就需要我们的师生深入到企业和经济建设的第一线，学习和研究书本上缺乏的实际问题。

在我的身边，有一大批同行刻苦工作、锐意创新，特别是在我所研究的生命科学领域，我国的研究水平与世界先进水平的差距在不断缩小，这与一代又一代科研工作者的艰苦奋斗是分不开的。习近平总书记说："做研究，就要甘于寂寞，或是皓首穷经，或是扎根实验室。”夜晚，实验室那一盏盏不熄的灯光就是这种精神的真实写照。在条件相对艰苦的西部学校，在堪称“世界第三极”的青藏高原，我们更是要弘扬劳模精神，克服常人所不能克服的困难，发挥劳动创造的巨大能量，才有可能改变落后面貌，实现西部经济建设和社会进步的跨越式发展。

人才，成为他服务西部的着眼点。带起一支能够扎根当地的人才队伍，“把飞鸽牌变成永久牌”，推动西部欠发达地区的科学研究和少数民族的高等教育事业，成了他的新梦想、新目标。

复旦大学作为大学中的“国家队”，承担着为各族人民培养专业人才的重任。钟扬愿意招收少数民族学生，他的实验室就是个“民族大家庭”，藏族、哈萨克族、回族、维吾尔族……他鼓励大家开展与自己家乡相关的生物学研究。他总说，研究自己家乡特有的植物你们有自己的优势，你们尽管开展自己的研究，我来服务你们。

他招学生有几个特点：对藏族学生不考察英语，也不看知识面，第一标准是有没有一颗热爱植物学的心。他说，现在我也不怕看学生看走眼了。一问：“你热爱植物学吧？”他说，“是。”我说，“跟我去西藏吧”，学生说，“那就算了”。其实这个学生爱的是复旦大学，而不是植物学，更不是钟老师。

看似宽松的选拔方式，实则是对一个植物学研究者更高的要求——爱专业、爱土地、爱家乡，需要的是远大理想和持久热情的支撑。

他说，我有一个梦想，要为每个少数民族都培养一名植物学博士。在他眼里，少数民族学生所起的作用是十分独特的，尽管有些基础相对薄弱，培养他们需要花费数倍的精力。“他们熟悉当地地形，了解当地生物分布，有得天独厚的优势，如果受到良好的科研训练，完全可以做出成果。而且，每个学生就是一颗种子，回到家乡，就能成

为每个少数民族培养一名植物学博士是钟扬的梦想

为靠得住、留得下、用得上的生力军。”

比如采种子，哪里该采，哪里不该采，采多少才合适，很多时候不是用科学的标准能说清楚的。藏族人对这片土地有感情，对这里生长的植物有感情，他们传统生态伦理思想强调人的生活依赖于自然，因此对自然界动植物的采集使用，会有发自天性的文化谨慎。

“任何采集，哪怕是科学采集，也是对植物资源的伤害。藏族人很清楚这里面的利害关系，采集植物不会集中在一块儿采个精光，他们总是很精心地采集到一定分寸，就停止了。”李伟曾和钟扬交流过这个问题，这也是钟扬在西藏组织当地采集队伍的考虑：要依靠他们的传统智慧。

藏族学生无论在哪里学习、深造，大多数都将回到西藏，因此，钟扬特别重视培养藏族学生，从他们当中发掘高端学术人才。他带出了藏族的第一个植物学博士，带出了哈萨克族的第一个植物学博士。遇到好苗子，他会“追”着学生。2006 年，拉琼第一次在西藏大学见到钟扬。这一面后，钟扬就记住了他，经常催促他抓紧时间报考自己的博士。有一次从拉萨赶回上海途中，还专门在机场打电话询问他报考准备情况。

“80后”藏族女生德吉是在钟扬的劝说下才决心报考博士的。这个聪慧的江孜姑娘，受益于国家少数民族教育政策，13岁时离开父母到北京读西藏中学，之后考取浙江大学化学系，本科毕业后被保送硕士研究生，去过澳大利亚访学，学术背景极好。2008年，作为急需人才被西藏大学引进，在化学系任教。

对一名藏族女孩来说，硕士已经是很高的学历了，十年前的西藏大学，博士也并不多。钟扬见到德吉，交谈后发现她功底扎实，特别适合做科研，可以从事生物化学交叉学科的研究，欣喜之下就动员她读自己的博士。初为人母的德吉当场就愣住了，在此之前，她从未动过这个念头，丈夫是边防军人，孩子还小，需要照料。去上海读四五年，能行吗？丈夫起初不同意，她的公公说话了：“读书这么好的事情怎么能放弃？专业水平提高了，能给国家多作贡献，要去！”公公是藏族老共产党员，在家里说话有权威，于是就这么定了下来。有了家里的支持，2012年秋天，德吉来到复旦大学生命科学学院。

随后的5年里，德吉多次回到西藏和钟扬团队一起采集种子，最终选择山岭麻黄作为主攻方向。山岭麻黄是西藏特有的一种麻黄属植物，也是世界上海拔最高的裸子植物，植株仅有五六厘米高，生长在海拔 5 000 多米的喜马拉雅山上。为了研究山岭麻黄基因组对环境的适应机制，德吉几次上珠峰采集标本。2017 年，德吉成为钟扬带出的第一位藏族女博士，也是最年轻的一位，是他培养的 7 名少数民族博士中新近毕业的一名。

在复旦大学的毕业典礼上，德吉偷偷把哈达藏在袖子里，献给敬爱的老师，这是藏族人心中的最高礼节。当钟扬用藏语向全场介绍她的名字时，德吉心里说不出的激动。

如今，扎西次仁已成为西藏种质资源库主任，拉琼则成为西藏大学生命科学系第一位博士生导师，德吉回到西藏大学担任理学院副教授，主持多项国家科研项目。他带出的藏族博士生和硕士生，都留在了西藏工作。哈萨克族首位生态学博士吾买尔夏提也回到新疆农业大学任教，成为民族地区急需的科研教学骨干。

红景天、独一味、藏波罗花、垫状点地梅、西藏沙棘、山岭麻黄、纳木错鱼腥藻、高原香柏、西藏巨柏、高原手掌参、宁夏枸杞、蒙古黄芪……把实验室里学生们的研究对象列出一长串名字，就能看出钟扬的良苦用心。他眼里看到的，是学生对植物、对家乡的朴素情感，是这些研究对于民族地区发展的战略意义和经济价值。

即将毕业的德吉（左）与导师钟扬合影

宁夏大学、新疆大学、广西师范大学……但凡西部高校邀请他去讲课，他总是想方设法挤出时间，去分享他对教育本质的理解、对研究生教育改革的实践、对西部人才培养的思考……他认真地对待每一次讲课，他知道，每一次分享都是在播种，也许一句话、一个故事，就能对台下听课的老师、教育管理者、学生产生影响。他太迫切了，他想尽自己的力量，改变一点是一点。

“他是真正爱国的，爱她的每一寸土地。正是这种至诚热爱，让他不畏艰险。”中国工程院院士陈香美感慨。复旦大学生命科学学院党委书记陈浩明说，“他深深扎根西部，情系西部民族地区发展，为民族地区培养人才，播撒科学的种子，我们要站在西部生态文明战略布局的高度来理解他”。

钟扬说，青藏高原的特殊生物环境和生物资源为我国

钟扬要打造一支强有力的科研人才队伍

科学家开展原创性的工作提供了得天独厚的条件。我们需要建设一支年富力强、野外经验丰富、多民族融合的科研团队。十几年间，他在复旦大学和西藏大学培养了107名研究生和博士后，学生遍布西藏、新疆、青海、甘肃、宁夏、内蒙、云南等省份。

他还憧憬着铺设一条科学研究的“天路”，吸引更多有才华、有志向的科学工作者，把“去西藏工作”变作“为西藏工作”，在西藏内外，为建设社会主义新西藏而奋斗。

2015年，他在重症监护病房口述记录的给党组织的信中说道：

西藏是我国重要的国家安全和生态安全屏障，丰富的生物多样性资源使其成为我国重要的战略资源储备基地、重要的高原特色农产品基地。怎样才能建立一个长效机制来筑建生态安全屏障？关键还是要靠队伍。

目前西藏的科研人员队伍仍非常薄弱，高级人才的培养也才起步。中央政府和西藏自治区在相关科研项目上给予了大力支持，但在人才队伍建设方面一直存在较大困难。内地援藏干部在西藏的工作时间平均为2—3年，对生态建设而言，这个时间明显偏短。为此我建议开展“天路计划”，专门从事青藏高原生态屏障建设。

在他看来，援藏不能停留在低水平重复建设上，更不能是“包办婚姻”、行政命令。就教育来讲，从培养高端人才做起，着眼学科建设，盘活人才培养一盘棋，方能改变西部欠发达地区高等教育的状况。他认为，没有持久的热情和长期的投入做不成事情。西部的事业需要更多科学工作者协同攻关。

他还期待着，在成都和上海建立青藏高原研究院，实现“在高原”到“为高原”的转变，让那些因为身体等原因不能长期在高原工作的人，也能够为高原贡献智慧和力量，让更多的人加入到青藏高原的事业中来。

这样投入，这样执着，图的是什么？为的是对事业的热爱，听从的是内心的召唤，说到底就是一份家国情怀。

“家国情怀”——复旦大学中文系教授、作家梁永安说，不止一次听到人们这样谈论钟扬。在武汉植物园，他昔日的同事感慨：“我们同样是坚持不懈的科研工作者，但钟扬做得更大、更开阔，根本的原因，是他有面向时代的大情怀。为了这份情怀，他愿意付出一切。”

这情怀首先是热爱。朋友感叹，钟扬在西藏这些年已经完完全全成为一个地道的藏民。没有对西藏这片土地的热爱，不可能在短短数年内把西藏大学生物多样性研究建设得如此有声有色，进入“双一流”学科建设的名单。

在梁永安看来，钟扬的家国情怀，并不只是一种炽热的感情，在情怀之下，是高度契合时代需要的科学素养，是一流专业水准的科学家境界。现代社会的骨架是一个精细分工的专业化结构，没有一流的专业知识和能力，情怀只会化为空泛的口号。

“梦想，无论多么遥远，总驻守在我们心底。创新的心永远无法平静。只要心在不断飞翔，路就不断向前延

微电影《播种未来》激发了一个个关于西部的心愿

伸。”这是钟扬在拍摄他和学生扎根西藏故事的微电影《播种未来》里说的一段话。

说到这部片子还有个故事，2013 年，钟扬入选上海市“为人为师为学”先进典型，上海市教委组织摄制组实地拍摄他和西藏的故事。意外的是，摄制组到了拉萨没多久，导演因为严重的高原反应倒下了，好在摄影师坚持着把钟扬和团队工作的情景拍了下来。在高原，总是会有各种意想不到的事情发生。

原本计划的 30 分钟纪录片没拍成，摄影师就把它剪成了 5 分钟的微电影。钟扬自己撰写文字脚本，自己配音，他还给片子起了名字——《播种未来》。这部片子在当

心向远方，路在脚下

年的北京国际微电影节上，一举斩获金奖。钟扬经常带着这部片子到讲座上放，到学术会议上放，他调皮地跟同行说："我是生物学家里最好的演员。"

谁都知道，轻松的玩笑背后，是十几载的艰难困苦和无悔奔走。

钟扬迈开大步继续向前。爱祖国，就要爱她的每一寸土地，爱她的贫穷和富裕，爱她的苍凉和润泽，爱她的雄伟和秀美。长河在召唤，山峰在等待。

走，去西部。心向远方，路在脚下。

第五章

心中的游侠

种子的力量：读懂钟扬

世上多少玲珑的花儿，
出没于雕梁画栋；
唯有那孤傲的藏波罗花，
在高山砾石间绽放。

藏族民歌

在青藏高原的高山沙石地，生长着一种喜光、耐寒、耐贫瘠的高山植物——藏波罗花。有一首藏族民歌：

世上多少玲珑的花儿，
出没于雕梁画栋；
唯有那孤傲的藏波罗花，
在高山砾石间绽放。

第一次听扎西次仁说起这首民歌，钟扬就喜欢上了，根据扎西次仁的口头翻译，钟扬将它写成汉语的诗歌形式。在高原颠簸行进的车上，在苍茫肃穆的雪山之间，他曾一次次吟诵。

他喜爱藏波罗花。那是一种矮小的草本植物，生长于海拔 4 500 米以上的地方，种子发芽后钻出沙石就能开花。藏波罗花的花期不过一周左右，但一旦有一株发芽，就可以成片繁殖，甚至能生长到雪线附近。从沙石缝里冒出来的藏波罗花，其生命力如它热烈奔放的颜色。它的根还有很好的药用价值。

他也好像高山上的藏波罗花。无惧艰险，仗剑远行，他的身上有一股豪侠之气。

陡峭的盘山路上，曾有巨石滚落砸中他所乘坐的车；

不管多么困难，只要对研究有帮助，钟扬就一往无前

荒原里迷路，没有食物，几近绝望；没有水，就不洗脸，没有旅店，就裹着大衣睡在车上，突遇大雨冰雹，就躲进山窝里……藏族同事给他起了个别名——“钟大胆”。因为不管山多高，水多深，不管多么危险，多么困难，只要对研究有帮助，他就一往无前。

他说，有些事情是难，但再难，总要有人去做。只要国家需要、人类需要，再艰苦的科研也要去做。

他是老友口中那个“可爱的胖子”，其实年轻时的他是高大清瘦的，也许是长期的高原野外生活，让他的身体发生了对环境的“适应性改变”。黄梵和他共进过一次早餐，被惊呆了：一顿早饭吃了 7 个包子、3 碗粥、4 碟小菜。他说没办法，在西藏习惯了，一定要一顿吃很多，才能保存体力。长时间下来，胃都被撑大了。

曹则贤证实了这一点：“应该说我的饭量不小，但是跟钟扬比，我的饭量很差。”他特别强调，在中国科技大学，有一类自然科学专业的学生，在后来的职业生涯中有个必然要求，就是要出野外，而一个出野外的人一定要能吃，因为时常会遇到断顿的时候，必须要养成一个习惯，就是有食物的时候就要多吃。

说到吃，还要提一句“钟氏金句”：饥饿是最好的味

野外考察，钟扬与大家席地吃饭

精。有时在野外连续几天就着凉水吃干饼，那是一种慢火烘烤出来的死面饼子，结实难消化，所以扛饿，被钟扬奉为“野外必备干粮”。他说，这时要是有一点榨菜搭配就美极了，如果再有一个午餐肉罐头，那简直就是人间美味了。德吉记得一次在墨脱野外考察，一连几天吃不到热的，下山后钟老师给大家煮了一锅米饭，一群人围着白米饭吃了一碗又一碗，比什么都香。

他大口吃饭，大口吃肉，大口喝酒，永远有说不完的故事，永远是一群人中谈话的主角，永远用他幽默的谈吐来感染周围的人。有他在的饭局一点儿不会冷清。他的大嗓门讲起故事，一桌人的情绪和身体姿势便会跟着他的故事节奏起伏，自然地作出各种反应。他信手拈来的“段子”让人捧腹，许多人生哲理也蕴含其中。

友人曾嵘回忆，和钟扬初识是在机场，同赴剑桥参加一个中英论坛，那次旅程一路延误辗转，历时近 30 个小时才到达，但同行有钟扬，怎会觉得疲倦！此后每次开会，若得知参会人中有钟扬，便心中窃喜，因为有他的地方绝不会乏味。

他饭量大，酒量也大。周继明记得，年轻时的钟扬会提着 24 罐一箱的啤酒来敲门：“老周，一起来喝喝。”周继明总是回答，“我喝两罐，剩下的是你的”。接下来就是彻夜畅聊，谈将来的打算，当然也谈怎么在“传、帮、带”中认识晓艳，最后成为一家人……谈话间，他的 22 罐啤酒就下肚了。

据传钟扬两斤白酒下肚面不改色。他对酒文化也颇有研究，号称曾和各国学者把酒言欢，酒文化的背后是不同国家的学术环境，讲到兴起时还扬言，要就此写一篇散文出来！

一个科学家对酒的爱好，在他为上海自然博物馆展区撰写“五光十色的酒”条目时“暴露无遗”：

酒是谷物或果实中的淀粉和糖分经酵母菌发酵转化为乙醇的产物。在我国，盛产以高粱、豌豆和小米等为原料经发酵和蒸馏而成的白酒，及以稻米和青稞等为原料发酵但无需蒸馏的黄酒和青稞酒，也有以动物乳汁为原料的马奶酒等。

在世界各地，还有以葡萄为原料发酵的葡萄酒，以麦芽为原料并辅以啤酒花发酵的啤酒，及以大麦为原料发酵和蒸馏而成的威士忌等。

短短160余字将不同种类酒的同异尽数概括，包括原料、工艺、产地等，说得一清二楚。推敲好字句，他忍不住和众人显摆一番，讲讲和每种酒的故事。

有朋自远方来时，学生有了喜事庆祝时，他会拿出珍藏的老酒招待朋友和学生，边聊边喝，边喝边聊，直到夜色渐深。最后就是夜色中，一帮学生簇拥着一个醉意浓浓的先生行走……

可就是这个一有机会就爱喝上几杯的人，经过2015年那场大病后，真的滴酒不沾了。出院时，医生再三叮嘱：一不能再喝酒，二要按时吃药，三不能再去高原了。

第一条对他来说有些痛苦，但他立马戒掉了酒，包里还多了个透明塑料小药盒，每天三顿，特别认真地数药、放药、吃药。可第三条，他实在做不到。他说，我戒得了酒，戒不了西藏呐！我还想在西藏再干十年！

他不服输。他敬畏自然，热爱自然，更不惧艰险，豪情不变，他要与时间赛一次跑。祖籍湖南新宁，出生湖北黄冈，两湖人特有的“吃得苦，耐得烦，霸得蛮”气质，在他身上充分展现。

朋友对他的生活方式提出劝告，指出这样是对身体相当有害的。“活着的目的是什么？”他反过来问。在他看来，无所事事地活着，就是等死，或者已经死了。他清楚地知道自己的追求，并愿意为之付出全部精力、时间乃至生命。这是他选择的生活。“侠之大者，为国为民。”

他广交朋友，热情似火，尚气任侠，急人之急。如果要说他最大的缺点是什么，熟悉他的人都会一致回答：不愿意说不。

中国科学院昆明植物研究所党委书记、副所长杨永平用“大爱无疆，小爱无边”来形容他：无论谁有什么问题，谁有什么困难，只要他能够做到的事情，都会做到极致。他特别乐于助人，总是肝胆相照，有好的资源和想法都会主动和人分享。

他给自己的生活塞满了各种事情，自诩过的是“并联生活”。每次见到他，他几乎都在匆忙赶往下一站。即便是这样，他从未敷衍过任何一个向他求助的学生、同事、朋友，甚至陌生人。他总能把每件事都做得有声有色，“没关系，我们一起来想办法”，是他常说的一句话。在他这里，办法总比问题多。

找他帮忙的人很多，大事小事他都记在心上。认识的人帮，不认识的也帮。有单位问他要种子，他立马安排寄快递，从不想着秘不示人。一位学生家里出了变故，好几位长辈都生了重病，学生着急地说“读不下去了，天塌下来了”，要回家。他把学生找来，说：“天塌下来就按天塌下来处理，来，先吃饭。”后来他一直帮助这位学生渡过难关。

野外考察路上，碰到有摩托车没油了，在路边招手要汽油，他就让车停下，给那人匀点。天色渐暗，见一辆破车坏在路边，前不着村后不着店的地方，他就要停车帮人家修车，学生说我们要赶时间，天黑前赶不到宿营地了，他说，该帮的忙一定要帮，我们看到了不帮，天黑了他们怎么办。

他在西藏大学的宿舍是中坤专家楼中的一座，说起来是他个人的宿舍，其实很多人都有钥匙，成了“中转站”。两层小楼的每个房间里都放了很多藏式卡垫床——白天当藏式沙发坐，晚上可以当床睡。认识或不认识的人，只要是来西藏考察、做科研工作的，钟扬都会接待他们住在这里，给他们的高原工作提供便利，据说最多时一晚上睡了十多个人。

他记性极好，总把别人的事放在心上。20世纪90年代初他从美国回来时，带回一大包音乐卡带，抱着去找植物所的同事王有为。那时国外的卡带很难得，王有为感动不已，钟扬一天到晚那么忙，思维那么跳跃，居然还记得自己的爱好。

他到西藏没多久，就记住了每一位藏大同事的家人是做什么工作的，谁和谁是亲戚，谁的家乡在哪里，仿佛都是和他相识已久的父老乡亲。受他的影响，复旦大学研究生院的同事也常帮藏大同志导医买药、订酒店、指路、寄存行李，亲得就像一家人。

他总是对别人的事情很“细”，对自己的事情却很“粗”。三件格子短袖衬衫就可以过一个夏天，冬天一般是衬衫加上一件棉外套。他没有羊毛衫、羽绒服、羊毛大衣等大家常穿的御寒衣服，他说，经常在路上，没空打理。

钟扬不讲究穿衣，在工作上却毫不含糊

他爱穿牛仔裤，穿了好几年的一条是在拉萨地摊上花29块钱买的，都磨出了洞。有一次出差，他先去零下十几度的拉萨，再去零上二十几度的广州，回来后还得意地炫耀，他一条牛仔裤可以应付三十度的温差。他的运动鞋也经常穿到鞋底都快磨掉了。拉琼记得，有一次跟在老师后面走，发现老师穿的鞋居然是破的，上去提醒他，他却说不要紧。

他的生活简单得不能再简单。可对藏大师生，一出手就是“大手笔”。得知很多藏大学生从没走出过西藏，他出资发起“西藏大学学生走出雪域看内地”活动，组织

80多名藏大学生赴上海学习，开阔眼界，整个活动花费32万元。大家都没想到，前前后后都是他自掏腰包，他从不提起，直到好几年后大家才发觉。

藏大老师申报国家级项目没经验，不敢报、没人报，钟扬就挨个做工作。义务帮老师们修改项目申请书，还提供申报补助。只要申报，无论是否成功，每个项目他都自掏腰包补助2 000元，用于支付申报过程中产生的费用。

有藏大学生在复旦学习期间，家中有急事要回去，正为往返路费发愁，他说，没事，车票给我，我来报。有同事为工作垫钱，他都很大方地说，发票给我，我来报。起初大家以为他神通广大，直到在他的办公桌里看到满满两抽屉过期发票才知道，他只是拿自己的钱垫上而已。

“钟扬疏财我是有亲历的。”周继明曾在美国看着钟扬和张晓艳攒钱给单位买设备，知道他们并不顺利的捐赠故事，可来到他们在上海的家，周继明还是吃了一惊：

“房子是一个不大的一套三，看上去有些年头了。每个屋里都堆满了各种物件，显得有些拥挤。家里住着钟扬两口子，两个15岁大的双胞胎儿子，还有晓艳的父母共六口人。晓艳告诉我，钟扬不太理家，原来在五角场的房子已经卖了，来补贴儿子的教育费。现在住的房子是晓艳父母的。两位在上海生活多年的教授、博导，到现在在上海竟没有一套自己名下的房子，令人不胜感叹、唏嘘。”

“钱，钱是为人服务的，要用到最需要的地方。”张晓艳说，在金钱观上，她和钟扬是完全一致的。

“天生我材必有用，千金散尽还复来。”钟扬的身上有股子傲气，但他的傲气不是恃才自傲。他的确智商过人，有着超过常人的见解和格局，他的确在很多方面能力超群，能够“十个指头弹钢琴”，同时做好很多事情。他的傲气更多地表现在做人做事对自己的高要求上，表现在能够更加深切地理解他人、尊重他人。

千金散尽又怎样呢？钟扬的身上有着侠肝义胆，有着凌云壮志，更可贵的是，他务实，不执着于尽善尽美，他知道怎么去一步步实现它，哪怕绕点路、转个弯，先实现一个小目标再说。

十多年学术援藏路并非一帆风顺，钟扬也有过孤独，有过苦闷。最初来到西藏，他是自掏路费的科研“志愿者”，主动找西藏大学开展科研合作。用他自己的话说，是和西藏“自由恋爱”。西藏大学研究生院院长单增罗布说得更直白：“2009 年钟扬作为教育部‘长江学者’特聘教授到西藏大学工作，在那之前，他就是个单干户。”

单干户，意味着没有专项经费，没有科研系统的体制支持，没有固定的团队……要做成事情更是难上加难。他必须尽快找到一个突破点，提升西藏大学理学院的科研水平，然后由点到线、由线及面，开创新的局面。

当他提出“以项目来带学科带队伍”的思路时，很多人抱着怀疑的态度。到西藏来的科研人员一拨又一拨，但大都是完成自己的研究就走了，很少有人愿意留在这里。不排除有些援藏干部来西藏是为了“镀金”，为了升迁。这个上海来的大学者、复旦大学的名教授，真要扎下根来帮助我们吗？什么条件和待遇都没有，他能待下去吗？

“很荣幸来到世界最高学府工作。”见面第一句话，是写实也是风趣，把大家逗乐了，一下子拉近了他与西藏的心理距离。再接着，钟扬一个个去做动员工作。他找到理学院的副教授琼次仁，鼓励他申请 2002 年度的国家自然科学基金。琼次仁知道钟扬，20 世纪 70 年代复旦大学援藏的吴千红教授和湖南援藏教师、在西藏大学干到退休的刘少初老师，都给他介绍过这个厉害的复旦教授，年纪轻轻就已经发表了许多 SCI 文章，有的还发表在国际最顶端的《科学》(*Science*)和《自然》(*Nature*)上。

琼次仁打心眼里敬重钟扬，但听到这个提议还是吓了一跳：“申请国家自然科学基金……怎么可能？”

别的老师听说了，也觉得是天方夜谭。那时候，整个西藏大学理学院没有一个硕士点，植物学专业没有教授，没有一位老师有博士学位。要申请研究项目简直是神话。国家自然科学基金可是非同一般，是国家最高等级的科研基金。

“怎么不可能？我和你联合申请，试一试。”钟扬也知道难度很大。申请国家自然科学基金，不但需要在基础研究方面有深厚的积累，而且申请人还必须具备强大的科研能力和良好的科研条件。但他希望从项目突破，有了第一步，就能有第二步、第三步，一潭水就活了。

申请书交了上去，最后被淘汰了。琼次仁有些难过，钟扬安慰他：“万事开头难，我们一起想办法，明年再申请。”他和琼次仁分析申报失败的原因，认为根源还是在于没有充分发挥出西藏的资源优势。两人反复讨论，确定了一个很有开拓性的项目——“西藏大花红景天的居群分布、化学成分变化及地理信息系统研究”。

申请基金不能只是靠一个好的科研点子，任务书里描述的工作应该已经完成大半了。钟扬和琼次仁再次出发，加大了野外考察的密度。随后，钟扬对项目申请书改了又改，常常一边插着氧气管，一边连夜修改申请报告。2003年，项目申报一举成功，这也成为西藏大学建校以来首个申报成功的国家自然科学基金项目，而且是其中的重点项目，也是西藏在国家自然科学基金项目中获批的最大项目！

这一突破极大提振了藏大老师们的科研信心，如同打开了一个全新的入口，大家的热情都燃起来了。从那以后，每年3月钟扬就有了一项雷打不动的工作，带着藏大老师填报国家自然科学基金申请书。老师们的申报书交上来，他一个一个指导，一字一句修改。从那之后，西藏大学每年都能申请到国家自然科学基金。他还专门给藏大老师们开设了如何申报自然科学基金的讲座，讲课视频刻成光盘，方便老师们回看。

局面已经打开。没有想到的是，2005年，琼次仁被确诊罹患肝癌加胃癌，癌细胞已转移扩散。西藏大学把他送到成都的大医院救治。钟扬往返西藏、上海之间时，每次都在拉萨灌上一大桶山泉水，送到成都琼次仁的病床前，期待着奇迹发生。然而，琼次仁还是一天天更虚弱了。

“钟老师，我还没和你合作够啊！”琼次仁紧紧拉着钟扬的手，不愿松开。

“我走时，你抬我，你来抬我。”琼次仁说出了最后的心愿。藏族人都懂，这是他们给予朋友的最高信任。

钟扬也懂。他把亲兄弟般的滚烫友谊紧紧攥在手心。

2009年，钟扬入选教育部“长江学者”特聘教授，工作单位为西藏大学。这是西藏自治区第一人。在全校大会上，他放下豪言：“如果西藏大学拿不到博士学位点，我绝不离开！”很少有人会这样表态，当时在场的老师和学校领导都很激动。但过后又有些怀疑，担心只是一时兴起的大话。

2010年，钟扬成为中组部选派的第六批援藏干部，担任西藏大学理学院副院长。

2011年，西藏大学植物学一级学科硕士学位授予点获批。

2012年，他带出了西藏第一支生物学教育部创新团队。

2013年，他立下的“誓言”实现了！西藏大学生态学博士点获得批准，填补了西藏高等教育没有博士点的空白，圆了几代藏大人的“梦”。

2017年，西藏大学生态学科入选国家“双一流”建

钟扬带领着西藏大学实现了一个又一个“零”的突破

设名单。

一个又一个“零”的突破变成现实。而今，这支“地方队”不仅国内领先，而且能够参与国际竞争，并且在进化生物学的一些研究方面，促成了日本、欧美和中国三足鼎立的格局。钟扬满怀感恩地说：“我们的成果里，留下了琼次仁太多的辛劳。没有藏族同志真心实意的合作，我们很难在青藏高原扎下根，今天的一切更无从谈起。”

世上多少玲珑的花儿，

出没于雕梁画栋；

唯有那孤傲的藏波罗花，
在高山砾石间绽放。

扎西次仁忘不了，2008 年夏天，当他披上博士袍，成为西藏大学理学院第一个获得植物学博士学位的教师时，那一天，钟扬又一次朗诵起这首动人的诗歌。

一首诗念完，两个粗壮的汉子早已湿了眼眶。

钟扬说："海拔越高的地方，植物的生长越艰难，但是越艰难的地方，植物的生命力越顽强。我希望我的学生，就如这生长在世界屋脊的植物一样，坚持梦想，无畏艰险。我相信，终有一天，梦想之花会在他们的脚下开放。"

他有豪侠的一面、坚韧的一面，也有散淡的一面、调皮的一面。

他热爱生活，会书法，会拉二胡，还打得一手好桥牌，在武汉植物研究所时就是主力队员。当植物所主任时曾主持在东湖边开发沙滩排球场，夏天这里成了所里年轻人的最爱，他会张罗同事一起打沙滩排球，打完球顺便到东湖泡泡真是享受。他为后来武汉植物园的开放搞活、科普宣传迈出了第一步。武汉植物园的烧烤，就是当时钟扬带领几个人在东湖边搞起来的，夏天来过这里的人基本都有在东湖边吃烧烤喝啤酒的豪情记忆。

他写得一手好字，喜欢用蘸水钢笔，字写得很用力，可以说是“入木三分”，按张晓艳的说法，钟扬写字不是用笔，是在“吃”笔，一支新钢笔没多久就要更换笔尖。在中科大读书期间，他还把习字心得写成了一组《冬日学书杂感》，在科大校刊上连载。他还写得一手好词，有一年植物所歌唱表演，所有歌词都是钟扬创作，这些歌曲都与植物和植物研究有关。他还烧得一手好菜，并且手脚麻利，李伟对此羡慕嫉妒，“他是我认识的科研工作者中烧菜水平最高的，够得上专业厨师的水平”。

“专业厨师”钟扬

黄梵说得实在："钟扬从来不是一个难以企及的人，他确实在某些方面才能超群，但本质上是普通人。钟扬真正可贵的是——大多数人只做对自己有利的事，但钟扬不仅仅做对自己有利的事，也做对他人有利的事。"

"率真人生、快意人生、精彩人生！"周继明这样评价老友，"一个用全部激情和生命追求理想的人，一个一旦相逢就无法忘却的朋友"。

第六章

跨界与分享

种子的力量：读懂钟扬

如果我们仔细地检审科学史，就会发现科研创新远没有课堂教学中描述的那么清晰，正确和错误的研究时刻混杂在一起，科学家更没有聪明和愚笨之分。不仅一个领域的所有科研创新只是阶段性正确的，其实所有理论都是阶段性正确的，甚至可以认为是可证伪的假说而已。对一位成功的科学家而言，他通往正确的道路也是由错误铺就的，这是科学研究的本质，更是创新活动的基本范式。可以说，只要不畏艰难，勇于探索，承认错误，吸取教训，随着时间的推移，每一位科学工作者或多或少总能取得相对正确的结果。

钟扬，2014 年

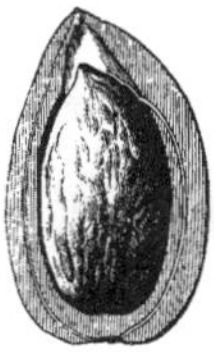

大熊猫为什么喜欢吃竹子?

吃饭时，钟扬狡黠一笑，抛出一个问题。和钟扬共事，大家都习惯了他的天马行空和妙趣横生，司空见惯的现象常常会成为他思考的科学问题。

曾嵘对“熊猫为何吃竹子”的问题印象深刻:“最喜欢和钟扬吃饭喝酒聊天，他常常逗得大家乐不可支，还不忘智力挑战，时常抛出些诸如长颈鹿是否会游泳之类的烧脑问题，让满屋子的生物学家莫衷一是。”

钟扬抛出的问题不只是“逗乐”，他有他的思考。他说，研究表明竹子中含有一种抗抑郁成分，大熊猫看上去很忧郁，像有抑郁症症状。得知大熊猫基因组测序结果发表，他非常高兴，马上组织讨论：能否在大熊猫基因组中发现基因突变，这种突变使得大熊猫有抑郁症倾向？经过一百多个日日夜夜的奋战，终于验证了假说，发现大熊猫多巴胺代谢通路的相关基因可能参与了大熊猫的食物选择。

故事进展到这里，大家心服口服：这是个被科研耽误的“段子手”，这个“段子手”还真不一般，每个段子的“学术含量”都极高。

知识面广，思路敏捷，总是能冒出奇思妙想，有着一般人没有的广阔视野，这是很多人对钟扬的第一印象。他的大脑似乎永远处于开放模式，接收信息的天线伸向各个角落，他从未在乎过学科之间的边界，能敏锐地洞察事物之间的关联性，对新生事物永远充满热情，时有“神来之笔”。

这促使他在植物学、生物信息学、青藏高原植物多样性与适应机制等前沿领域取得一系列成果。他在《科学》(*Science*)、《自然》(*Nature*) 和《美国科学院院报》(*PNAS*) 等国际顶尖学术刊物上发表论文百余篇，先后获得多项国家和省部级奖励，在国内外具有很高的学术影响力。

华裔生态学家、华东师范大学与加拿大阿尔伯塔大学教授何芳良对钟扬的一个研究印象深刻。在2000年前后，生态学家刚刚开始利用分子生物学手段来了解生物群落的构建机制，钟扬和施苏华等开创性地通过比较红树科植物同义替代和非同义替代突变，构建系统发育树，来研究红树林适应极端环境的机制，从而让人们更好地了解红树林独特的生物地理分布。“这是综合分子进化、生物多样性和生物地理学的典范。”何芳良对此钦佩不已。

关于如何做科研，他自己打过一个有趣的比方。那是钟扬刚到复旦大学不久，一天晚上，一群人去复旦东门一个叫“老巷”的小饭馆涮火锅，还叫了实验室几个学生一起去。吃饭时，他话匣子一打开，就故事不断、段子不绝。

一个学生问，钟老师，什么样的人适合搞科研？

钟扬说，我给大家打个谜语，做科研要具备四种动物的品质。哪四种？你们猜。

大家七嘴八舌，意见不一。最后，钟扬公布他的“标准答案”。在场的任文伟一直记得钟扬的那番话：“搞科研其实是一条很艰辛的道路。首先要对自己研究的东西感兴趣，否则会非常痛苦。但如果想在科研上取得成功，至少必须具备四种动物的品质：一是要有狗一样的嗅觉。必须知道哪些是科学前沿问题，哪些是有价值的研究方向。二是要有兔子一样的敏捷。想到了好的问题，就要马上动手去做。因为一个好的科学问题，可能全球有上百个实验室在研究它。如果慢了的话，就是有再好的想法，也会被捷足先登，如同‘起个大早，赶个晚集’，是没有竞争力的。三是要有牛一样的勤奋。很多科学实验需要不断收集、整理和分析大量数据，需要反复验证。要像老黄牛一样只问耕耘，不问收获。如果能做到这一点，那么成功就是自然而然、水到渠成的事。第四点很重要，光有前面三个动物的品质还不够，最后还要有猪一样的心态。”

提到前面三点时，大家还安静地听着，说到第四点时，全桌人哄堂大笑。还有猪？

“当然，这太重要了。”钟扬继续说，“因为，在科学研究的道路上，失败一直会伴随科学家。如果没有猪一样的超脱心态，放下包袱轻装前进的话，那科学家都会郁闷死的”。

钟扬说的这种集“狗、兔、牛和猪”四种动物品质于一体的科研精神，被同事们笑称为“新四不像”精神。在科学探索的道路上，钟扬不正是在践行这种“新四不像”精神吗？

20世纪80年代，那时的科研环境和现在相比差距很大，要看到领域内最新发表的期刊论文都非常困难。中国科学院昆明植物研究所研究员周浙昆回忆，“那个时候年轻一代的植物学工作者，有一种强烈的使命感，急切地想要赶上世界学科发展的步伐。大家热烈讨论学科的未来发展趋向和中国植物学的努力方向，学习各种新的研究方法和手段”。

钟扬积极推动数学与生物学的结合，后来还出版了《数学分类的方法与程序》《分支分类的理论与方法》等一系列数学分类的相关专著。20世纪90年代，钟扬率先提出“计算生物学”概念。当时不少人觉得背离传统，路数不正。十多年后，各种类似的“跨学科”或者“交叉学科”研究层出不穷。对于交叉学科，钟扬后来谈道：“交叉学科在某种程度上其实是利用了生物学杂交育种的原理；杂交能够产生杂种优势，但同样可能导致杂种不育。”

1996年，钟扬与美国密歇根州立大学和加利福尼亚大学伯克利分校等多家单位合作，针对国际上已有同类数据库所采用的分类系统不一致的问题，在国际上率先提出一种新的交互分类数据模型（UNIC）和检测分类树与系统树差异的新测度，并据此建立一个基于分类本体论思想的交互分类信息系统。他建立的这些方法打破了不同机构的界限，为不同系统之间提供了一种“通行的语言”，为国际合作奠定了关键性的基础。其后，美国和欧洲学者发表的一些生物多样性相关的重要模型和系统，都参考引用了他的设计。

这些都是凭借“狗一样的嗅觉”“兔子一样的敏捷”“牛一样的勤奋”。他勤于思而敏于行，他的研究具有高度的前瞻性。近十年来，为了满足大规模基因组和蛋白质组分析的实际需求，他在国内建立了一批分子数据库，

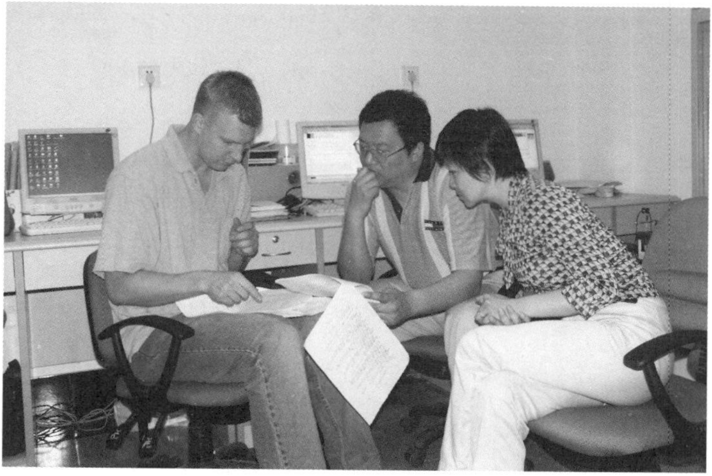

钟扬经常与国内外学者交流探讨学术问题

包括多蛋白查询整合信息系统，为同时提取多个蛋白质的相关信息提供了新的平台。

认识钟扬的人都知道，他学识渊博，绝不局限于植物学领域，对生物学的各个分支都有涉猎，而且有自己独到的见解，这也使得他可以与多学科的专家合作，并且收获颇丰。

与中国科技大学施蕴愉院士合作，提出基于结构信息的进化分析新方法；参与上海交通大学附属瑞金医院陈竺院士领衔的日本血吸虫全基因组分析工作，获得血吸虫进化及其与宿主间相互作用的重要分子证据；参与 SARS 病毒研究获得重大突破，作为并列第一作者发表对 SARS 冠状病毒的基因进化研究成果……他始终是一位极具亲和力和领导力、极具行动力和想象力的出色伙伴。

日本血吸虫是一种可引起人类血吸虫病的寄生虫，它也是这种疾病在中国和菲律宾的重要病原体。国家基因组南方中心研究员王升跃难忘与钟扬在血吸虫基因组研究项目中的合作。几年间，钟扬带着团队负责动物分子进化树构建和适应性进化检测，他提出的算法改进很好地克服了分析上的难题。

“以往的分析都是在一个或者几个基因上展开的，但是对于数千、上万个基因的并行分析却不是一件容易的事。因为不同的基因受到的选择压力是不一样的，进化速度也是不同的。”王升跃说，当时，接连开了几次讨论会，尝试不同的方法，一直没有好的结果。最后钟扬提出了一个非常巧妙的思路，用最保守基因差异分析进行物种分组，然后再进行大规模基因比对分析。2009 年项目组公布的日本血吸虫的全基因组序列草图，是扁形动物门，甚至是冠轮动物超门中第一个被报道的基因组序列，为促进血吸虫病新疗法的研发提供了一个宝贵平台。

2002 年 11 月，我国广东佛山出现首例严重急性呼吸综合征（SARS），随后半年内迅速在国内及全世界范围内蔓延。面对这一全新的病种，传统医学通过症状和常规筛选推测感染原的方法对此束手无策。2003 年 3 月，世界卫生组织（WTO）组织全球 SARS 联合研究合作网络，在 4 月 16 日宣布 SARS 致病原为新型冠状病毒——SARS 冠状病毒。中国科学家则进一步利用分子进化方法重建 SARS 的分子流行病学过程，这一工作由中科院上海生命科学研究院赵国屏院士领衔，国内外数十家单位加盟，钟扬也投入其中。很快，通过对 61 个 SARS 病毒全基因组序列进行系统发育分析，发现 SARS 冠状病毒在早期传播时存在不同选择式样。钟扬感慨，这是分子生物学时代的进化研究与实际应用紧密结合的一个极好案例。

2002 年，上海市农业投资项目“上海市农业生物基因中心”启动，急于寻找各种植物基因的中心主任罗利军找到钟扬。此后，钟扬持续参与中心的合作研究，在此期间建立了 C3 植物光合作用代谢模型，通过计算机模拟，发现缺水状态下其代谢通路间的协调性增强，为水稻抗旱基因挖掘和节水机制提供了理论基础。

2013 年，这项关于“水稻抗旱基因资源挖掘和节水抗旱稻创制”的研究，获得国家技术发明奖二等奖。钟扬在一次演讲中提到这件事：“我和罗立军教授一起，到处去收集旱稻。在我国的云南、贵州、湖南这些山区里面，农民在缺水的时候也种一些水稻。它看起来产量并不高，可实际上有很好的耐旱性。我们收集了大量农家土生土长的品种。我们也把它们进行杂交，最终获得了一个新的品种，叫杂交旱稻。袁隆平先生获得国家科技进步发明奖一等奖，我们的成果获得了国家的二等奖。今后在上海地区和江南地区缺水的情况下，我们也可以获得这样的种子资源。”

他还有很多别人眼里的“异想天开”之举。比如在上海种红树林，在墨脱种咖啡，寻找和筛选高原优质酸奶菌种……盘点梳理他的学术路径，你会发现，他不是选定一条道路就心无旁骛地走下去，而是旁逸斜出了好多枝丫，经常同时在做很多事情，甚至还是完全不同的事情：植物、生态、医学、民族事业、研究生教育……他的研究从来都是不计得失、需求导向的，看到了、想到了，就放手去做。他有“猪一样的心态”，不怕失败，更不会衡量自己能从中得到什么，投入和付出是否成正比，他的眼里只有目标，没有结果。

钟扬总能把“异想天开”之举付诸行动

讲起钟扬和红树林的故事，复旦大学副校长、中国科学院院士金力忍不住拍案叫好。

随着全球气候变暖，许多植物也会随着温度的上升而出现北移。钟扬随即想到，生长在南方的红树是不是也可以在上海生长。上海的海岸线是很脆弱的，需要红树。于是他马上开始尝试。“他能把两件事情连在一起，这个想法真是绝了。”金力说。在此之前，红树存活的最北城市是浙江温州，要让红树生长在上海，想都没人敢想。

钟扬在上海的海边种下了红树

而钟扬第一次提出在上海的海边种红树林的设想，连项目审批都没有通过。很多人对此有争议，学界也普遍认为不可能成功。但钟扬很坚定。他此前在科研论文中查到，上海曾有过红树林，二十几万年前的化石就是证据，全球变暖后，红树在上海生长会是趋势。他认为红树林不仅能带来丰富的生物资源，还有重要的生态效益。它具有防风消浪、促淤保滩、固岸护堤、净化海水和空气的功能。

从 2005 年开始，钟扬和团队就在上海临港的一块盐碱滩涂地上试种红树。第一年的冬天特别冷，种下的红树几乎“全军覆没”。第二年、第三年，奇迹发生了，不仅新种的红树全部存活，那些“貌似”死去的红树竟也“复活”了。钟扬发现，小红树为了生长，开始不断适应周围的环境，最后终于成功“入乡随俗”。他挽起裤腿，在已经长得比他还高的红树林里察看，开心极了：“这是一个很好的兆头，人和树都要坚持下去。”

负责红树林项目的经佐琴，是钟扬来到复旦大学后的行政秘书。她说，其实经过几番波折，红树林项目早已资金周转困难，整个团队都在勉力维持，但钟老师总是笑嘻嘻地说：“没事的！你放心！未来总有人会看到红树林的价值，到时就有人投资啦！”如今，临港的滩涂上已经培育出第三代红树苗。2017年底，浦东新区新城镇政府、港城集团积极支持红树林项目，社会热心人士也积极参

钟扬和上海的红树林

与，提供资金赞助，为后续筛选并保存更加适应上海气候的红树植物，进行引种试验和种苗培育提供保障。目前已经种植约20亩红树苗。

钟扬说："我的愿望是，50年甚至100年以后，上海的海滩也能长满繁盛的红树，人们提起上海的时候，会毫不吝啬地称其为'美丽的海滨城市'。虽然我不一定能看到这一幕，但上海的红树林将造福子子孙孙，成为巨大的宝藏。这是我们献给未来上海的礼物。"

何芳良敬佩这位相识30多年的学术友人："钟扬属于天才类人物，是国内生物学界为数不多的多学科交叉学者。他不仅是天才，还是帅才，是一个有远见卓识的人，从他的眼神，我能看得出来，他能穿透未来。"

曹则贤折服于老友的博学、开朗，还有那永不枯竭的工作热情和散发出的浓浓的个人魅力——他跨界极广，朋友众多，动用所有能动用的资源推进西藏的教育事业，动用一切资源做研究，这是他个人盘活社会资源的一种方式。也因此，他答应纷繁杂乱的邀约，做很多人看来极耗费时间回报却极少的事。

曹则贤就曾被他邀请去西藏大学物理系讲课，那时藏大物理系一个正教授也没有，讲座的很多内容闻所未闻，藏大的年轻教师们都很兴奋。一次曹则贤去复旦大学看望钟扬，又被老友现场“抓差”：你坐在这儿，给我想，把这个任务给我想出来，宇宙线怎么和我们西藏的工作对接。

当时西藏大学的一个工作组找到钟扬，想申请和宇宙线相关的研究。曹则贤愣是坐在那里一边等钟扬一边想：西藏是高原，接受宇宙线强度比较大，中国的宇宙线观测站就在西藏羊八井。宇宙线在大气层传播以后的嬗变过程，以及嬗变过程的产物所造成的植物基因的突变过程，这是西藏大学能够找到的一个结合点。“为了西藏大学的建设，钟扬真的是倾尽全力。”曹则贤说，他的工作方式和工作能力，他人难以复制。

在钟扬看来，合作是科研工作最高级的技能。他说，一个人单干的代价很大，人们若能多做些利他的事，彼此跨界分享，可大量节约社会成本，从而真正地对社会、对国家有利。

“我始终认为，目前教育上忽视得最多的是团队协作能力的培养。我们的研究生甚至发自内心地认为，从幼儿园起，他的成功都是靠个人取得的。事实上，我们的应试教育不断强化了这种意识——你的每一次考试成功都是你一个人努力的结果，不需要和别人合作。所以他一点没有想过，在他今后人生道路上需要跟人合作。但事实并非如此。”钟扬说，“长期的科学研究表明，科研合作是科学研究中最困难的过程。因为它在一定程度上违背了人的本性——能不与人合作就不与人合作。可是，现代社会的很多工作的确需要我们去克服这个人性的障碍”。

钟扬特别乐于分享、善于合作，他并不在乎到底谁最后能从合作中受益，他只想把有意义的事情做成。他认为，应当在不同专业内、不同学校间乃至高校和研究所之间共享专家资源。他也有意识地培养学生合作的能力，尤其是在实验室中营造团结合作的氛围，使之成为一种实验室文化。比如经常组织实验室共同翻译一本书，一人一章，并相互修改。还会在实验室里尽可能招收外国学生和少数民族学生，通过对不同文化的吸纳，增加实验室的多样性和包容性，促进实验室的团结合作，让学生在相互帮助中彼此成就。

第七章

教师是我最在意的身份

种子的力量：读懂钟扬

我是

——给我的老师

我曾是一条干涸的小溪，
你的甘露滋润我枯竭的心窝；
我曾是一块遗弃的荒地，
你的锄镢在艰难地开拓；
我曾是一只受伤的乳燕，
你的双手把我温柔地抚摸；
我曾是一棵瘦弱的幼苗，
你的汗水催开我鲜艳的花朵。
我会变成一条奔流的小溪，
永不停歇，汇入江河；
我会变成一块肥沃的良田，
让青春的犁尖辛勤地耕作；
我会变成一只展翅的飞燕，
为春天高唱着欢乐的歌；
我会变成一颗成熟的果实，
把收获献给园丁，献给祖国……

钟扬，1981 年

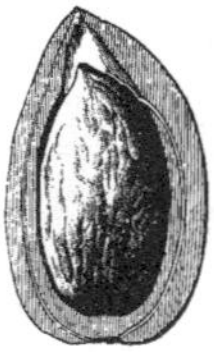

“师者，所以传道授业解惑也。”

出生于教师之家的钟扬，从小就对教书育人的职业心怀敬意。放弃中科院武汉植物研究所副所长的职务来到复旦大学当一名普通教师，他开玩笑说：在妈妈肚子里的时候，我就注定要成为老师了，因为妈妈在生我的前一个小时，还在课堂上给学

成为一名教师，是钟扬的心愿

生上课。

陈家宽懂得钟扬：“他到复旦来，实际上希望从科学家转型成既搞科研又搞教学的大学教授。钟扬一直有当教师的梦。”

在钟扬看来，教师的职业能够更加迅速地传播知识，能够更加直接地影响人。大学时的他写下一首致老师的小诗，诗中写道：

我曾是一条干涸的小溪，
你的甘露滋润我枯竭的心窝；
我曾是一块遗弃的荒地，
你的锄镢在艰难地开拓；
我曾是一只受伤的乳燕，
你的双手把我温柔地抚摸；
我曾是一棵瘦弱的幼苗，
你的汗水催开我鲜艳的花朵。
我会变成一条奔流的小溪，
永不停歇，汇入江河；
我会变成一块肥沃的良田，
让青春的犁尖辛勤地耕作；

我会变成一只展翅的飞燕，
为春天高唱着欢乐的歌；
我会变成一颗成熟的果实，
把收获献给园丁，献给祖国……

他的成长受到了很多好老师的影响。他常回忆少年时代中科大最令他难忘的好先生，曾经在一个寂静的午后，放下物理课不讲，给大家讲令人耳目一新的科学哲学理论……这也促使他思考，教育是为了什么，什么样的教育才是好的教育。

他喜欢讲一个“蝴蝶与老者”的故事：有一个小孩跟着父亲到山里去，在那里他遇到了一位最聪明的老者。小孩问老者，我手掌里有一只蝴蝶，蝴蝶究竟是活是死？老者说，蝴蝶就是你想要的样子。

其实这就是教育的本质。钟扬说，教育不能预设答案，教育最重要的是释放学生的学习力，让他们成为自己想成为的样子。

朱彬是钟扬到复旦工作后第一个来到实验室的本科生，后来成了钟扬的研究生。“钟老师经常鼓励我们使用自身的想象力，自己去寻找最有兴趣的研究方向与课题。

在没有出差的情况下，几乎每天下午或者晚上都会组织我们进行小组讨论。除了一些专题讨论外，很多时候这种讨论并没有一个明确的预先确定的方向，他会倾听我们近几日的工作乃至生活的经历，并通过一点一滴的交流，启发我们去寻找我们的兴趣点，从现有的工作、了解到的业界进展乃至生活中的事物去寻找新的研究点。”朱彬记得，自己博士论文的一部分，海蛙的分子进化速率的研究，就起始于一次看似无厘头的从蛇泡酒的酒精浓度，衍生到咸水中两爬类耐受能力的讨论。

“大胆假设，小心验证——他敏锐的思维方式，事实上影响了我们当中包括我在内的很多人一生的选择。这种

钟扬组织学生进行交流讨论

开阔的视野、细致观察的精神，以及对科研和一切工作的投入、专注、负责的精神，即便在今天我已经离开了学术界，依然受益匪浅。”朱彬说。

在他的实验室里，每个学生做的都是最适合自己的研究，他会花很多时间和每一个人交谈，发现他们的兴趣。“钟老师曾经说过，在我的课题组里，学生是上帝。”学生徐翌钦回忆，“钟老师总是协助我们完成工作，而不是我们帮他做课题。可以说，钟老师成就了我们每一个人。每个实验室总有些学生找不到自己的方向，他从不放弃任何一个学生，就像收集种子一样，总是用心培养，期待着学生长成参天大树”。

世界分布海拔最高拟南芥的发现，是他作为生物学家和教师的得意之作，是世界屋脊给予他的褒奖，也是钟扬带给中国植物学研究的珍贵礼物。

作为植物界的模式生物，拟南芥的地位如同动物界的小白鼠之于基础科学研究，全世界一半的植物学家都在研究它。寻找特殊的拟南芥材料，成为全球植物学界竞争的方向之一。

十多年前在西藏野外采样的路上，钟扬意外发现了拟南芥的一种近亲须弥芥，因其与拟南芥的生境相似，他当

培养学生就像收集、培育种子一样

即意识到或许能够找到西藏特有生态型的拟南芥。于是，每到周末他就带着学生去拉萨周边的山上寻找，回到内地时仍然每周叮嘱学生按照之前商量的方案继续寻找。

拟南芥对生境要求很高，很多学生找了一年两年都一无所得，想要放弃。钟扬鼓励他们，科学就是要不断地尝试与挑战，你不多试试，怎么知道做不到？

终于，2013 年，在堆龙德庆的羊达乡，海拔 4 150 米的山上，大自然的回报不期而至。他的两名学生许敏和赵宁，找到了貌不惊人却意义非凡的拟南芥。经过分子生物学分析，证明它是全世界的一个崭新的生态型。

钟扬将其命名为“XZ 生态型”，既是两位年轻人姓的拼音首字母缩写，更是西藏拼音首字母的组合。如今，这种新型拟南芥已在多地栽培成功，供我国多所高校和研究机构使用。

他一直说，“教师是我最在意的身份”。在教学中，他更多地是以一种平等的姿态去鼓励、启发学生寻找自己的兴趣点。他说，教育的目的是什么？教育只能提高被教育者的素质，教育者要善于发现学生的能力，善于挖掘学生的潜力，教育者亦是能力的发现者。

他坚信有教无类、因材施教。“不能让一个同志掉队”，是他最喜欢说的口头禅，也是他在教育每一个学生时一直致力去做的。

野外采样对生态学研究非常重要，他却将一名患“肌无力”的学生杨桢收入门下，带了他整整6年，因为不能去野外，就指导他做生物信息学的数据分析。钟扬说：“我愿意招收你不为别的，而是因为你确实适合做科研。”这句话给了杨桢莫大的鼓励。如今，杨桢已成长为中科院的副研究员。如同钟扬所说，“每个学生都是一颗宝贵的种子，全心浇灌就会开出希望之花”。

2017年9月19日，钟扬到上海市教卫直属机关青年工作委员会作报告。有人问：什么是青年人最需要的品质？他不假思索地回答：毅力、胸怀和创新。其中，创新格外重要，创新就是“在某一领域有颠覆性的想法，并加以实施”。

他鼓励学生试错，在他看来，创新文化是一种“试错”文化。试错对科研工作为什么如此重要呢？第一，不能崇拜权威，因为出错的可能恰恰是专家、权威。第二，不能唯上。行政职务与科研水平没有必然联系。无论一个人知识多么渊博，思考问题多么缜密，反应多么灵敏，在复杂多样的大自然面前，都只能是小学生。对大多数科学研究，尤其是实验科学而言，必须反复地实验而不是寻求捷径。

但对于细节和学术规范，他极其严谨甚至是严苛。他对学生说：“学术规范是做科研的底线。很多科研工作的创新点都来自很小的细节，比如青霉素的发现。跳过这些环节，虽然省了时间，但也可能和创新失之交臂。”他的学生回忆，“钟老师帮我们改一篇论文平均就要花 30 个小时以上”。朱彬至今保留着博士论文某版草稿，近 200 页的稿件上，几乎每页都留下了钟老师密密麻麻的漂亮红色手迹。课题组每一个学生的每一篇论文，钟扬都一词一句——每一个数据乃至每一个标点——不厌其烦地验证、修订。

钟扬的办公室俨然成了他第二个家

而这样的代价是，除了出差，钟扬每天在办公室的时间表是周一至周日，早上 9 点至凌晨 2 点，从无间断。朱彬说，这种敬业的精神“逼迫”着每个学生都对自己的工作有着近乎狂热的细致追求，并将之带到了日后的工作岗位中。

而转换到生活场景，钟老师又完全变了个样。西藏阿里地区平均海拔 4 500 米以上，随他去的学生很多都发生高原反应。一次，一个学生缺氧晕倒了，钟扬马上把唯一的氧气袋给他用。睡到半夜，钟扬的高原反应也加剧了，脸色发紫，呼吸急促，正在吸氧的学生急坏了，拔下氧气管递给老师。钟扬一把推开，还半开玩笑补上一句："别动，都这么大的人了，还这么不讲卫生，快点插回去！"他自己就这么硬撑了一宿，清晨还是第一个起来，为学生们做好早餐。

钟扬患有痛风，每个跟他去过野外的学生都知道，当痛风发作，腿痛难忍时，他也绝不让学生自己冒险上山，他的做法是，就近找根粗壮的树枝当拐杖，忍着痛，一瘸一拐地带大家上山。

做他的学生是幸福的。他那厚实的背影，已不只是一个身影，更成为照亮学生一生的明灯。

在学生中，他的一句名言流传了十几年——"Students are always hungry（学生永远是饥饿的）"。

他有几个习惯：在复旦大学时，早餐习惯性买两份，自己吃一份，另一份放在实验室，总有一个学生没吃早饭，如果没人吃他就中午自己吃；午饭，多数时候是盒饭或方便面，他会尽量跟不同的学生一起吃，这样能跟学生有更多接触。晚饭经常很晚，有时就成了宵夜，这时他会招呼实验室的所有学生一起，大家边吃边聊。在西藏大学，讨论到饭点了，他就亲自掌勺给大家做一桌菜，一边吃，一边讨论。这时，他的名言是，"热爱生活首先要热爱食物”。

拉琼每每惊讶于老师做菜的速度，一会儿的工夫一桌菜就摆出来了，还特别好吃。鸡蛋炒青椒、熏肉炒蕨菜都是拿手好菜，大家都特别爱吃。看大家吃得开心，他更开心。他专门总结过，自己的绝招是火开得够旺。藏族学生边珍曾有出国学习一年的想法，他便提醒她，学几道菜非常有必要。边珍正式“拜师”学艺，他传授的第一道菜就是回锅肉。

西藏大学生物学专业招了首批9名硕士研究生，但学校的公共基础课还跟不上，他就联系武汉大学，选派这

钟扬常常为学生做菜，他对做菜“很有一套”

批学生到武大学习一年。这些学生家境都很贫困，他几次专门到武汉看望，一来就带着他们去东湖边最好的馆子吃饭，还当场给每名学生 1 000 元现金作为生活补助。他还带着学生到他在武汉的家，交代年迈的父母平时多照顾，给他们改善生活。几乎每个双休日，学生们都会去吃他父亲的拿手好菜——红烧肉。

在学生眼中，他就是一棵大树、一座大山。边珍说："钟老师一直默默地守护着我们。遇到问题，我们就找他，他总会说，'没关系，我们一起想办法'。任何时候发邮件给他，第二天早晨起床总能收到回复。"

"传道，授业，解惑"，为人师者的使命感早已融入钟扬的骨子里，化成了他对每一个学生随时随地的关注。

2003 年，时任复旦大学生命科学学院院长的金力，邀请钟扬和自己"搭班子"，出任常务副院长。把教师视为"最在意"的身份，原本只想纯粹地做学术、做老师的钟扬，没有推脱，很爽气地就答应了。金力回忆，自己特别认真地请钟扬吃了一顿日本料理，席间问他能不能到学院班子工作，钟扬头也没有抬，点点头说可以。此后几年他们合作非常愉快，碰到疑难问题，跟钟扬一商量往往就能提出非常好的解决方案。

几年下来，生命科学学院打破传统思维，为国家战略科技前沿储备队伍和人才，寻找更加契合复旦的科研模式和方向，管理水平大幅上升。钟扬做了很多事情，学院内外对他的人品和工作能力有口皆碑。2008年学院班子换届，金力升任复旦大学副校长，很多老师提议钟扬出任院长，但他毫不犹豫地推辞了。他说，学院应该全球招聘院长，这样可以提升影响力，自己只想当一名普通教师。

2012年9月，钟扬又受命担任复旦大学研究生院院长。

熟悉他的朋友都知道，钟扬在乎的不是什么“官”，但凡能够推动学科建设和队伍发展，契合教师、学生和职工需求的，他从不惜力。多年带研究生的经验使他明白，研究生培养中，有太多的问题需要解决，如果能在研究生院院长的岗位上把事情做好，推动一些改革，全校每一名研究生都能从中受益。

只是他的工作已经千头万绪：西藏、上海两头跑，两头都是教学、科研和管理兼顾。他知道很难，还是接下了这个“烫手山芋”——复旦大学是一所研究型大学，是中国培养研究生的重镇，在校32 000余名学生中，研究生将近20 000人。可以说，研究生教育是复旦教育的大半

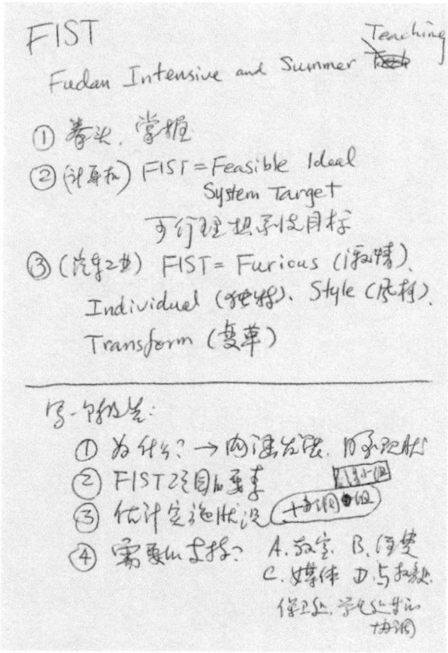

钟扬亲手写下的对FIST课程的构想

边天，责任重大。

5年间，本着“以学生为本”的理念，钟扬主导推行了一系列改革，许多都是国内研究生教育界的首创。复旦大学研究生院副院长楚永全，深深钦佩这位务实院长的工作理念和方法：以人为本，问题驱动，举重若轻，章法井然。

首先是FIST（Fudan Intensive Summer Teaching，复旦集约型暑期教育）课程的打造。这是钟扬上任后，研究生院大力推进的“集中授课式”课程项目，特点是高密度、国际化、大师授课。对研究生而言，课程教学环节非常重要，不过由于战线拉得较长，内容相对滞后，教与学双方的积极性都受到影响，FIST课程正是为了破解这种“重要但不受重视”的悖论，致力于提高教学水平。FIST英文原意是“拳头”，暗含着要把项目建成品牌的决心和信心。

2013年夏季开班的首期FIST有44门课，理科14

门、文科 18 门、医科 7 门，还有跨校区、跨学科或公共学位课程 5 门。授课专家中，有国际数学最高奖项菲尔兹奖获得者 1 人，中国科学院院士、中国工程院院士 7 人，教育部“长江学者”、国家“千人计划”等 50 余人。经过几年努力，研究生对课程需求越来越大，FIST 项目已经开花结果，每年都有 100 多位海内外优秀学者来到复旦，开设 70 多门课程，集中讲授学科前沿热点和新兴方向的发展动态，不少兄弟高校学生也慕名前来上课。FIST 项目不仅让学生受益，也直接推动了青年教师的国际科研合作。

FIST 课程受到了广大学生和青年教师的欢迎

随着研究生招生规模的扩大，教育质量受到了全社会的关注。钟扬认为：要提高质量，必须直面存在的问题；只有发现问题，才可能解决问题。为此，他在复旦大学连续实施了“问题驱动型”研究生培养质量检查。

这种检查方式与众不同。参加检查的德育专家、管理专家和学科专家全部来自校外，随机抽取二年级研究生，“一对一”面谈半小时；在专家访谈的同时进行大范围问卷调研。为了做到真检查、发现真问题，钟扬亲自撰写专家邀请函，讲清楚工作目的，告诉专家只反馈问题，不表扬成绩；还和同事们一道关起门来反复打磨调研问卷，在专家来校期间抓紧时间和他们深入交流。这种直接面对学生的检查方式，甚至是“自揭家丑”的做法，显示出他极大的勇气和魄力。

曹则贤曾收到钟扬撰写的专家邀请函。他坦言，这种带着私人性质的评估，“在人情社会里蛮让人忌讳”。“但如果一个人能够有将事业超越个人的想法，你会发现，他把发现不足和问题当作一件好事情。他真的热爱他的岗位，发自内心地要努力把事情做好。”

无论是院系评价机制改革还是研究生培养改革，面对压力，钟扬对身边人说的从来都是：“你们做的事只要是有利于人才培养的，出了问题我来负责。”楚永全一直记得钟扬到院任职时的发言，非常简短，只着重讲了一条，就是要从自己做起，也希望研究生院全体员工，首先做好对院系和师生的服务工作。为此，他直接推动成立了研究生服务中心，全年无休接待学生办事，除夕和春节也照常开放。他考虑到：同学们来院里办事，多数人并不清楚各个办公室的具体分工，所以服务中心应该是一站式的，实行首问负责制；为方便同学们在上课前和放学后来办事，中心在工作日的开放时间从早上 7 点钟持续到晚上 7 点钟。中心成立初期，他不但兼任主任，还亲自坐班给大家示范。

经过他的改造，研究生院的工作面貌有了根本改观：同学们来到研究生院，第一眼看到的，就是贴着全院干部职工照片的服务墙，钟扬自己的照片也在其中；离大门最近的房间，就是服务中心。

服务中心的职能也在不断拓展。通过质量检查发现，不少研究生缺乏基本的科研论文写作训练。2015 年，钟扬在服务中心内部成立了论文写作服务分中心，组织专家委员会，举办科技论文写作竞赛，开设《高阶论文写作》课程，并和著名学术期刊《自然》（*Nature*）合作举办写

研究生服务中心总是尽力服务好院系和师生

作训练课程。

楚永全感慨："他尽可能地满足和适应学生成长的诉求、时代发展的要求、社会进步的需求，做足育人文章，唱响育人强音。他的远见卓识和务实进取，在国内研究生教育领域赢得了一致赞誉。"

而他在研究生教育层面主导的这些改革，是他以人为本教育理念的体现，很大程度上也源于他对教育工作的认识和自己作为教师的实践经验。

对于教师这个职业，他认为要具备四种关键特质，即同情心、洞察力、团队组织能力和课堂表达能力。他说：教师要主动关心学生的情况，为学生树立良好的情感榜样；要主动发现学生的问题，关心学生的见解；要帮助学生建立起自我教育、自我管理、自我服务的丰富的学习生活；要在长期的课堂教学中培养良好的职业精神。

他崇尚“问题”。他说，在我国的教育中，学生发现问题的能力非常弱。这在学生的论文中便有所体现。在论文写作的过程中有一个引言部分，引言的意思便是问题的提出，很多同学写不出引言就是因为他并不知道问题怎么提出，缺乏发现问题的能力。

他分析，我国教育大多数的情况是老师发现问题，学生去回答，这便在学生的头脑中埋下了这样的种子：问题就应该是由老师发现的。更糟糕的是，我们还有所谓的标准答案，这个标准答案引导大家认为，解决问题的终极法宝（正确答案）一定在老师手上。他自己就常遇到这样的情况：不少研究生习惯于向老师询问“这个问题怎样？”表面上是学习，实际上是寻求答案。他遇到这种情况就会不客气地告诉学生“对不起，我不知道”。发现问题的能力，实际上是对我们当前研究生教育的挑战。我们要明白，若我们轻易交给学生一个问题，可能会忽略了对他发现问题能力的培养。

第八章

科学家的特质是提取欢乐

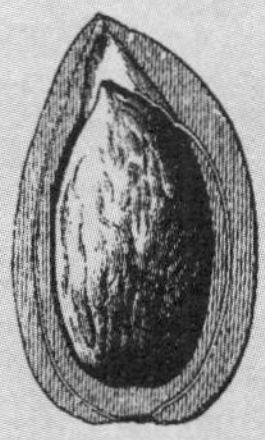

我相信科学能深入儿童的心灵。在既没有学校科学课程，也没有家长和课外辅导的情况下，一个小孩子其实很难靠几本书来准确地了解科学道理。不过，书中那些遥远的故事及其承载的有趣知识会随着时间的推移，慢慢渗透进脑海。在某个不经意的时刻或场合，这些似是而非的知识也许会与新的思想活动碰撞出火花，并以独特的科学气质展现出来。

钟扬，2017 年

2017 年 5 月 18 日，国际博物馆日。

夜幕降临，位于上海南北高架西侧的静安雕塑公园内，上海自然博物馆鹦鹉螺式样的建筑，静静地闪着光。这是世界上首座按“主题制”布展的自然博物馆，“鹦鹉螺”式的建筑结构蕴含“管理自然遗产、守护地球家园”的深意。来自七大洲的 11 000 余件标本和模型、4 400 余个展品展项，细说着地球自然历史的前世今生。

这天晚上，在博物馆地下二层中庭，巨大的马门溪龙骨架下，钟扬神采飞扬地开始了他的科普讲座。

“大家好！非常高兴有机会来自然博物馆和大家作这

样一个非常特殊的夜晚演讲。我大概算是对自然博物馆最熟悉的教授之一吧。他们经常开玩笑说，钟老师夜晚来，闭着眼睛也可以走。本来是开玩笑的话，结果今天晚上真的要闭着眼睛。一会儿我要带着大家走，并且要把灯关掉，这对我们大家都是个挑战……”

讲着讲着，痛风的腿疼得厉害。主办方原本在台上准备了椅子，钟扬觉得坐着讲不够提神，离观众太远，他更愿意站着讲，他知道怎么“抓住”观众，如何与观众有效互动。可酸疼的腿实在支撑不住，他索性走到舞台边缘坐下，和观众面对面继续讲。

和往常每一场精彩讲座一样，故事一个接一个，现场

钟扬在上海自然博物馆的“博物馆之夜”与观众近距离互动

笑声不断，观众的眼睛紧紧追随着他。上海自然博物馆的工作人员用照片记录下了这个场景。

这一幕是如此动人：一个身材高大、面庞黝黑的科学家，身着橙色的自然博物馆 T 恤，坐在观众当中，时而妙语连珠，时而凝神倾听，没有距离，只有共同沉浸的欢乐和思考。那一刻，科学和大众在他身上完美融合。随后，在手电筒的光照中，钟扬客串讲解员，领着观众体验了一个有趣的“博物馆奇妙夜”。

他确实是对上海自然博物馆最熟悉的科学家，没有之一。

上海自然博物馆是上海科普的一个重镇。这里是中国第一家同类博物馆，源于 1868 年法国天主教神父韩伯禄创立的徐家汇博物馆，1933 年更名为震旦博物院。1956 年，震旦博物院和上海博物院合二为一，成立了上海自然博物馆。这里承载着几代上海人的童年回忆，合川马门溪龙、黄河古象，还有哈密古尸，都是多少人难忘的“镇馆之宝”。但这个馆的最大问题是空间不够，已经不能满足观展需求。

2001 年，自然博物馆成为上海科技馆分馆。作为上海科技馆学术委员会委员，钟扬从自然博物馆新馆筹建伊始就参与其中，在内容设计、形式呈现、展品选择上都出了不少力。他还承担了新馆500多块图文展板的撰写工作。

图文展板的内容包罗万象，从天文、地质、生物、古生物到环境生态，每条限定在200字左右，展区的主要介绍大约在500字，需要兼顾准确性、前沿性和可读性，工作量大且繁琐，对写作者的知识背景和文字功力要求极高。上海自然博物馆管委会副主任顾洁燕没有想到，找到钟扬时，他毫不犹豫就答应了下来。

当时的情景顾洁燕记忆犹新：“当时其实基本上没有一个专家可以把自然博物馆里的这些内容都吃透，所以我们在跟很多高校和科研院所联系了以后，最后还是找到了钟扬老师。钟扬老师二话没说，‘那行，这个事情是上海的，我又是一个植物学家，那我就帮你们一起来做这个事情’。”

“有困难找钟老师”早就在圈内传开了。自然博物馆征集西藏的“温泉蛇”，多年而不得，试着向钟扬求助。温泉蛇长不足一米，是我国特有的珍稀保护物种，也是世界上分布海拔最高的蛇类之一。钟扬说，他去碰碰运气。2011年底，喜讯传来，温泉蛇找到了！2012年4月，温泉蛇标本辗转运抵上海，钟扬却连捐赠人的标签都不写。当时负责两栖爬行类动物征集任务的刘漫萍回忆：“后来通过钟老师，我们又成功地征集了8个高山蛙标本。这些标本的获得，为青藏高原的形成和隆起学说提供了展示的标本物证。”

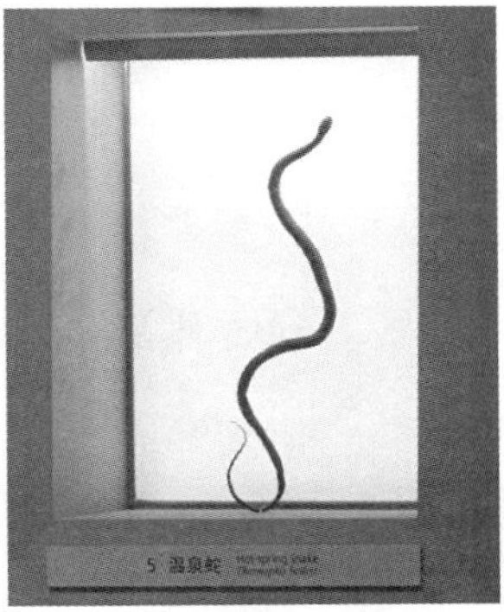

征集而来的西藏“温泉蛇”

这次“5·18”国际博物馆日的现场活动，钟扬也是当“救火队长”来的，原本邀请的嘉宾临时有事不能来参加，急坏了工作人员，马上想到问问钟老师在不在上海。钟扬赶紧调整工作安排，把这天晚上的时间腾了出来。

他的时间已经不止一次为了科普让路。他是上海科技馆的建馆元老，刚从武汉植物研究所调到复旦，他与上海科技馆的合作就开始了。科技馆聘他为学术委员会委员，大家很快发现，无论大事小事，他都不厌其烦。即使他自己一时解决不了，无论多忙也都会帮着联系合适的人或机构，最终总能解决问题。钟扬的热情让科技馆的员工很吃惊：从没见过这样投入科普的大教授。

在上海科技馆展览设计部主任鲍其洞的记忆里，17年来，钟扬总是时不时出现在科技馆或者自然博物馆的各个角落，有时是展区，有时是会议室。“每次来，他都带着特定的任务，有时是评审专家，有时是科学顾问，有时是科普活动主讲人，有时是标本捐赠人。不管是哪种角色，他都游刃有余。不管有多忙，只要我们找他，他几乎有求必应。”

上海科技馆综合业务处的金懿佳回忆，钟老师在学术委员中非常积极和投入，几乎从未缺席过馆里任何一次学术会议，在培育研究人员、指导研究体系建设、国际交流、品牌建设等方面，提出了很多富有建设性的意见和建议。他总是背着重重的行李，不是从机场风尘仆仆地赶来，就是开完会匆匆出发。他专业精深，见解独到，每年都参加馆里的中高级职称评审工作，为几十个重大课题申报提供专业指导。

上海科技馆办了几份科学杂志，其中的《自然与人》（2006 年改名为《自然与科技》）是科普类杂志。2005 年，这份杂志邀请几位著名科学家和新闻出版界专家担任编委，41 岁的钟扬是最年轻的一位。主编周保春回忆，虽然日常工作极为繁忙，钟老师却总不忘记他是编委，总是惦记着杂志社的选题。除了介绍科学家和科普作者外，还亲自撰写文章。2009 年初，为了纪念生物进化论创始人达尔文诞辰200周年，杂志刊登了一组文章，其中的一篇《美丽实用的分子进化树》，就是他亲自操刀的。

为什么要做科普？“有很多事情自己是做不完的，需要有后来人不断加入到队伍中来，我多做一份，就能影响到更多的人。”钟扬的想法再简单不过。他说，“科学知识、科学精神和科学思维是要从小培养的，现在让他们多一点兴趣，说不定今后就多出几个科学家”。

顾洁燕记得，钟扬一直强调，给公众讲科学故事有几条原则，首要一条就是永远“读者第一”，在策略上要遵循“水果贩子”原则——把最吸引人的东西放在最前面，只有先把人们吸引进来后，你才有机会给大家讲故事，带着大家一起深入学习和探索。

他还常说，你要研究你的工作对象，弄清楚你的工作目标是什么、你的工作对象是谁、他们的需求是什么，然后有针对性地提出解决方案，甚至去引领他们的需求。

赵佳媛跟着老师做了几年科普，参与了自然博物馆图文展板的撰写工作。“没参与过的人无法想象写作图文的艰辛，更无法想象钟老师这样经常在一天内要辗转数地或者连开数会的大教授，居然心甘情愿将如此宝贵的时间匀给科普。”她说，如今馆里看得见的文字，只是钟老师工作量的四分之一甚至五分之一。从2011年开始，在长达4年的时间里，钟老师沉重的双肩包内，总有图文初稿的打印版，上面是他或工整或凌乱的字迹，有时伏案修改，有时就在车上作批注。即便如此字斟句酌的图文，也很可能在下一次讨论中因为有了新的角度和知识点而被推翻重来。

2014年，钟扬的50岁生日，就是在自然博物馆的工地上度过的。那是“五一”假期，大家都盼着钟老师来帮忙解决积攒下来的“难题”，他接到电话后二话没说就来了。那天一直忙到很晚，晚上大毛和小毛来找爸爸，钟老

钟扬在问题讨论中度过了50岁生日

师提议请大家去附近的“东来顺”吃火锅，这才知道那天是他的生日。

钟扬常说，青少年科普是一种令人愉悦但费时费力的工作，对科学家本身其实也是一种挑战，绝非“没有时间”和“不感兴趣”那么简单。他有一段“名言”流传甚广：

科普毕竟姓科，写科普的人科学素养要高。如果你很久不在科学一线工作，思想就脱离主流了。现在，一流的科学家一般不写科普文章，许多写的人科学思想又比较老旧。第二，科普的载体属于文学范畴，你的文学素养也要高。现在好多科学家写科普文章太直白。我大学的时候写诗，感觉一个月 15 元的助学金不够了，就写首诗去发表，一首两块钱。写得好一点有十块钱，可以请三个朋友喝酒。我知道做人要直，但写诗要曲。天上管写作的叫文曲星，不叫文直星。写科普也得要创新，这跟搞科研一模一样。

他常讲起自己的经历：小学时，一套残缺不全的《十万个为什么》成为他最喜欢的课外读物。“小学二年级时，我从书中读到了一点电池的知识，立即就将家里手电筒中的大电池倒出来，用铁钉打出小洞，再往洞内灌各种各样能找到的酸性液体。当我的母亲——一位中学化学老师看到那一堆废电池时，不但没有责怪我，还将我带到化学实验室去观摩实验课。最后，她带我去校办工厂参与汽车蓄电池用浓硫酸的稀释工作，彻底打消了我对剧烈化学品的恐惧，也激发了我学习化学的兴趣。至于以后高考化学成绩名列前茅，反倒成了一项副产品。”

这段自学科学的经历，让他对科普情有独钟。他说，我相信科学能深入儿童的心灵。在既没有学校科学课程，也没有家长和课外辅导的情况下，一个小孩子其实很难靠几本书来准确地了解科学道理。不过，书中那些遥远的故事及其承载的有趣知识会随着时间的推移，慢慢渗透进脑海。在某个不经意的时刻或场合，这些似是而非的知识也许会与新的思想活动碰撞出火花，并以独特的科学气质展现出来。只有此时，长大的孩子才能真正体会到“春风化雨，润物无声”的人生意境。

正因为如此，他每个月都去中小学讲课，义务指导中学生做科创项目，实验室也对中学生开放。他说，科学不分大小，中学生要用比较少的时间，做一些看似很小的实

钟扬是上海科普大讲坛的“常客”

验，但小实验背后也有大道理。几年前，有电视节目中请一个近十年前听过钟扬科普讲座的学生来谈体会，当听到这位学生说起那次讲座对自己选择人生道路的影响时，钟扬特别开心，觉得自己付出再多也值得。

“他是我人生中认识的第一位大学教授和科学家。14岁的我，以为教授都是很牛很牛的那种，可钟老师不是。他胖胖的，说话声音很大，笑起来哈哈哈哈的。从他朴素的穿着谈吐上，你会以为他是邻家阿伯。可是，一站到讲台上，他就滔滔不绝……”陈思涵是钟扬在“高校科学营”当导师期间指导的中学生之一。短短几天的科学营，中学生们都记住了这个可爱的教授和科学家：

“他仿佛一个强大的磁场，紧紧吸引着我。”

“上他的课，从来不会打瞌睡，感觉还没听够怎么就下课了。”

“他从来不嫌弃我们小，不懂事，总是有问必答。他还谦虚地说：别以为科学家就什么都知道，科学家也有不知道的东西，你有问题尽管来问，我们一起探讨。”

“他从来不说你不行，总是鼓励我们，启发我们独立去思考，你想做什么，去做就是了，谁说的话都别信，信了别人的，自己就不会思考了。”

……

“听他的课，你永远都不会感到无聊，在钟老师的指引下我慢慢爱上了科学。是钟老师认真耐心地教会了我如何做科研，如何培养科研精神。还记得第一次去钟老师在复旦大学的实验室做实验，在我灰心丧气要放弃的时候，是钟老师鼓励我让我坚持下来。”上海市实验学校学生朱薪宇说。

朱薪宇和同学们成立了一个“学与做科学社”，请钟扬来做“科学顾问”，钟扬一口答应，说：“科学传播是好事情，我当然支持啊！”除了帮他们答疑解惑，钟扬还给这个社团撰写了一个科普舞台剧脚本，挤出尽可能多的时间和孩子们讨论，指导大家排练。有时时间来不及，他就和孩子们约在去机场顺路的某个酒店大堂，一起吃盒饭，给大家讲一讲，他再接着赶飞机。在钟扬的鼓励下，朱薪宇尝试进行科学论文的写作。2017 年，他的论文《西藏拟南芥适应能力分析》获得第 32 届上海市青少年科技创新大赛二等奖。

钟扬还策划，要召集一批热心的科学家为学生们排演舞台连续剧，专门为高中生展示不同的大学、不同的专业，名字就叫“那些大学，那些专业”，因为“每年接待太多的孩子和家长，他们对大学既不理解，对专业更不了解”。

一个大科学家，已经这么忙了，为什么还要投入如此多的时间和精力，做这么“赔本”的小事情呢？他笑嘻嘻地说，教育本来就是“赔本”的事情嘛。

对于中小学教育，钟扬有自己的理想——回归教育本身。

“身为一名大学教授和研究生院院长，我为什么关注基础教育？因为高等教育与基础教育不打通，就无法培养真正高质量的人才。”他说，我们中小学教育的一个最大“成就”，就是你们家孩子小时候看起来还蛮灵光的，到最后把我们非常活泼聪明的孩子一个一个给教残了。“教残了”，其实很多孩子是“累残”的。

他和曹则贤深入探讨过这个问题：我们要怎样培养孩子？那就是，如果你脑子里提到“孩子”这个概念的时候，请好好想一想，孩子该怎样成长？以及当我们教育孩子热爱科学的时候，或者去教孩子科学的时候，我们要回答的问题是，科学到底是什么？科学到底是怎么做的？什么样的东西是科学思想？怎样才有科学的方法？什么是科学的事实？这些才是我们的教育应该教给孩子的东西。

他认为，全世界的教育都面临着巨大的难题——在今天的课堂上传授昨天的知识，这能否应对明天的挑战？可以说，谁先认识到未来的教育，谁就可能抢占先机。在这个意义上讲，我们的教育发展还有很大空间。

在他看来，目前的科学教育中，最缺乏的还是实践能力和批判性思维。就实践能力而言，在学习物理、化学和生物过程中所接触到的实验比单纯做练习题要有趣得多，也更适于动手能力的培养。遗憾的是，目前，实验反而成为了我们基础教育的薄弱环节。至于批判性思维，最重要的是“怀疑一切”的态度，包括质疑书本知识的正确性。他说，曾在北京一所著名小学讲了一次课，当提到《十万个为什么》上的“错误”，以及怎样通过实验来检验这些错误时，孩子们感到非常惊讶。这更让钟扬意识到问题的严重。

他看到了科学教育中的问题，希望尽他的努力，能影响多少就影响多少。和很多科学家不一样，他除了能够把他所知道的那些比较高深的知识讲给孩子们听、落实到孩子们可以理解的层面，更重要的是他有能耐把握孩子们的心理。他对于科普的热情以及跟孩子打交道的那种娴熟，

“大孩子”钟扬

非常人可比。

曾是文学青年的钟扬对于自己讲故事的能力颇为自信。

钟扬曾透露，正在写一个关于“全球变化”的寓言小说，暂名《蜗牛，快跑！》。他得意地讲述故事梗概：“我没有写‘全球变暖’，什么北极熊热得受不了了，你一猜就猜出来要写啥了。我写的是‘蜗牛历险记’。蜗牛怕什么？全球变咸。你看小孩折腾土蜗牛（鼻涕虫）就给它撒把盐。对蜗牛来说，全球变暖一点问题都没有，打仗也跟它没关系。它一直过着和平美好的生活。突然全球变咸了，它身体一点点地缩小。当然我的小说有一个极光明的尾巴，因为蜗牛特聪明，海蜗牛居然进化成了第一个光合作用动物。我拐了一道弯来写全球变化。”

他的科学故事已经开启了多少孩子的奇妙夜！

石头会不会开花？蓝莓和草莓是亲戚吗？爬山虎是怎么爬墙的？这是他给科普公众号“科学队长”录制的音频故事《植物家族历险记》，每周分享一个植物小故事。这些故事多半是他深夜在办公室录制的。

他兴奋地四处宣扬：“我已经想好了100个小故事，要为小学生们录下来，这些故事都是从一个问题开始，既有趣又有科学性，引导孩子们学会提问。”

他撰写和翻译科普著作，2003 年以来他带着团队翻译了 6 部科普著作。销量一直位于科普类书籍前列的“网红书”《大流感——最致命瘟疫的史诗》就出自他的译笔。1918 年横扫世界的那次流感大暴发，过去估计全球死亡人数约 2 000 万人，最新的权威估计数字为 5 000 万—1 亿人。这个数字不仅高于历年来命丧艾滋病的人数总和，更远超中世纪黑死病所造成的死亡人数。作者约翰 · M. 巴里（John M. Barry）依据大量的历史资料和数据，重绘 1918 年的惨状，再现了这场最致命瘟疫发生、发展及其肆虐全球的过程，细致入微地描写了科学、政治与疾病传播互动的过程。

钟扬拿到这本书就爱不释手，带领团队持续 3 年翻译打磨。他说，一部医学的历史就是一部人类与流感共舞的历史，也是关于疾病的“认知史”，还是人与自然、人与社会关系“共生与适应”的历史。他希望借助 1918 年的大流感告诉更多人，在进化意义上，人类与病毒、病菌的斗争可以说是一场永不停歇的“军备竞赛”。他还希望，今后能修改汉语“流感”一词，因为大家太容易将它理解成“流行性感冒”的简称，从而轻视其危害。

他特别喜欢DNA结构发现者詹姆斯·沃森（James Watson）的故事——一个因为“多看了一眼”而诞生的诺贝尔奖得主。聪慧而美丽的女科学家罗莎琳德·富兰克林（Rosalind Elsie Franklin，1920—1958）拍摄了世界上第一张DNA（B型）的X射线衍射照片。她已经感觉到它可能是螺旋状的，但无法确定是单螺旋、双螺旋还是三螺旋。当时，两个聪明的年轻人弗朗西斯·克里克（Francis Harry Compton Crick）和詹姆斯·沃森，也在想DNA的结构。沃森去访问的时候，富兰克林给他看了那张衍射照片，沃森看了几分钟后把照片还给了富兰克林。他回去对克里克说：“我已经找到了结构，但拿不到照片，请你太太（一个画家）用笔画出这个结构。”接下来，两人连夜写论文。这篇不足千个英文单词的论文在《自然》（*Nature*）杂志发表后，改变了整个生物学的面貌。沃森的成功是偶然吗？钟扬想寻找答案，于是翻译了他的传记《基因·女郎·伽莫夫——发现双螺旋之后》和访谈录《DNA博士》。博闻强识，幽默风趣，“钟氏”译笔有一种独特的魅力。

在他眼中，科学研究是一项艰苦的事业，科学家的特质便是从中提取欢乐，然后将科学和欢乐一起带给大家。

给孩子取名，他也不忘科普。2002年，他和张晓艳迎来双胞胎儿子大毛和小毛的诞生。在孩子出生前，他就想好都用植物命名。为此，他的学生朱彬颇得真传地在院里贴了张告示："钟扬教授和张晓艳博士的遗传学实验取得巨大成功。结果为两新种：钟云杉、钟云实。"

他得意地四处推介自己的"植物起名法"："我认为只要有可能应当都用植物给孩子命名。一来花花草草那么多，植物志那么厚，要想重名都难；二是不用动脑，就有外国人能发音的英文名和拉丁名，今后国际交往多方便；三是如果蔚然成风，会给分类学在社会上带来多大的影响啊！"

"一个好老师，一定充满智慧！钟扬不是简单地做一名生物学家，而是成为把科学与自然及人生的真谛都贯通了的智者。"

"一个好老师，一定表达幽默！钟扬的幽默早已植入他身体的每一个细胞，任何情况下的表达他都别有趣味。"

"一个好老师，一定通俗易懂！钟扬是真正的科普大家，他能够让完全的外行很快捷、很轻松地就了解复杂的科学知识，甚至能够点燃这些普通人对科学的兴趣。更难得的是，他的科普讲话即使内行听起来也兴味盎然，听即有获。”

中国科学院上海生命科学研究院生物化学与细胞生物学研究所研究员吴家睿说。

曾嵘眼中的钟扬，将科学与人文融合得熠熠生辉：“我认识许多深耕某一领域的科学家，也结交一些游走于天地间的博物者，我受教于不少哲思广厚的谆谆师长，也钦佩各种热情通俗的科普达人。但是能将这几者浑然而成于一身的，我只见过钟扬一个。”

第九章

家，那么近那么远

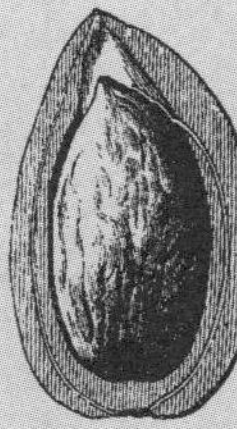

35 岁以后

我渐渐体会到父母才是我最好的老师。

钟扬，2015 年

扬子：

你回上海后，我每天都在给你发短信，但要说的话太多，发不出去，只好又回到老办法——写信。你嫌我太啰嗦，我和你爸很想听听你的啰嗦。

你还没去看病吗？过去的教训值得注意！身体是自己的，也是家人的。自己有病只有自己最清楚。要自己保养，自己下决心去治疗。身体第一，钱、名、利都不重要，重要的是要有个好身体：留得青山在，不怕没柴烧。

你要我走路小心，不能摔倒，我记住了你的话，走路很小心。

扬子，你生病快一年了，我和爸的意见是，今后西藏那边都不要去了。你要下定决心，不能再去了。再不能去拼命了。这个问题完全决定于你自己的决心了。你的付出已经够多了。人的身体是肉长的，是铁打的，也要磨损，该维修和保养了。

扬子，你现在对酒是不沾的，这一点我们放心了。但你现在仍然太忙，工作第一，对身体重视不够，想到你的身体我就急。不能去上海，不能为你去做点什么，心有余而力不足了。写写信也不能多写了，写着写着头昏眼糊了，只好停笔。太啰嗦了，耐心一点看完。

……

这是2016年2月7日，母亲写给他的信，他认真读了。信一直静静躺在他的办公桌抽屉里，躺了一年多。

2015年5月2日，钟扬突发脑溢血，幸亏身边有医生朋友，抢救及时，才逃过一劫。在那之后，家人的心就一直悬着。而大病初愈的他，把自己的发条又悄悄上紧了几圈。

远在武汉的父母担心他的身体。打电话问他在哪里，他含糊地说，“在成都”。父亲急了：“你是不是又要去西藏？！”

“不是不是，你就别问了。”钟扬赶快说。那时，他马上就要登上去拉萨的飞机。

他到武汉出差，多数时候都忙得没空回家。母亲给他打电话：

“扬子，我准备了点吃的，你来拿一下。”

“好，我让同事过来。”

“扬子，我有东西要带给大毛小毛，你回来一趟！”

“见你一面这么难！”母亲急了。

“好，我几点几分到。”

接过东西，说不了两句转身就得走。后面还有工作等着。

他何尝不想多陪日渐苍老的父母说说话！他何尝不想像儿时那样，陪妈妈上街买菜，抬米、搬油！父母住五楼，老房子没有电梯，作为独子的他，那时几乎包揽了家里所有的重活。

他何尝不怀念在父母身边工作生活的日子？1988 年，父亲因为工作调动，把家从黄冈县黄州镇搬到了武汉。坐船回家的话，“过江到汉阳门坐 14 路汽车，到水果湖，下来问水果湖中学高中部，就到了”。他在信里邀黄梵来家

钟扬与家人合影

玩，还几次劝黄梵回湖北老家工作。这年 8 月，钟扬和张晓艳结婚后，小两口在父母家中住了一段时间，后来才搬去所里的房子。去了上海之后，回家的日子越来越少。都说“父母在，不远游”，父亲却总说，“你们去忙，不要守着我们两个老的，没出息”。

他从心底深深敬重自己的父亲和母亲。他常说，教师是他最看重的身份。母亲是一名受人尊敬的中学高级教师。从小，他的家里就学生满堂，母亲对学生无私的爱，传递给了他。

父亲退休前是湖北省教育厅的副厅级干部，很长一段时间担任湖北省黄冈地区招生办副主任。1979 年，当大家都拼了命准备用高考改变命运的时候，这位招生办副主任的儿子却因为有一位“当官”的爸爸，不得不主动放弃了一次宝贵的高考机会。

那时国家没有明文限制提前高考，成绩优异的钟扬完全有实力报考。父亲说，作为招生办负责人来处理几万考生关心的问题，他的儿子就非避嫌不可。钟扬觉得委屈，摔门就走。后来才憋着股劲，报考中科大少年班。

因为这件事，钟扬有很长一段时间不理父亲。直到后来，他才慢慢懂得父亲严峻的面孔后面“推己及人”的博大情怀，看清了父亲心中那把高悬的“公平”之尺。他说，从 35 岁以后我渐渐体会到父母才是我最好的老师。

他会和藏族朋友谈起父亲，一谈起来眼里满是崇敬。他第一次知道西藏，也是从父亲那里。作为省教育厅领导，20 世纪 80 年代，他的父亲曾去过雅鲁藏布江阶梯式电站，慰问湖北援藏队，回来就给他讲西藏的艰苦和坚守的不易。

他是学生的一棵大树、一座大山。父亲就是他的大树、大山，教给他善良、宽厚、正直、勇敢、无私、奉献。

一直奔忙在路上，张晓艳的心总是悬着。

这已经不是他第一次在旅途中遇上险情了。十多年前在海南出差考察红树林的时候，他在住宿地煤气中毒，好不容易抢救过来。2015年突发脑溢血，又一次死里逃生。他总是不以为然，嘿嘿一笑对晓艳说："我还有那么多事没做完，老天爷不会把我收走的。"

可是老天爷不会永远如此眷顾。2017年9月25日，一场突如其来的车祸发生了。

接到同事打来的电话，正准备出门去同济大学上班的张晓艳在电话那头喃喃地说："他出这样的事情，概率还是很高的。"她祈祷这只是一场普通的事故，钟扬只是受了点伤，能再一次逢凶化吉。但是直觉告诉她，这次情况不好。

这次出差，他是去内蒙古城川民族干部学院，给那里的民族干部作有关"干部创新能力与思维的培养"的报告。城川民族干部学院于2017年7月刚刚成立，由中央民族大学与内蒙古自治区政府合作共建，是一所年轻的干部学校。

这次讲课的行程是临时加进去的。他早已买好从上海去拉萨的机票，要去参加西藏大学的"双一流"推进会。

接到讲课邀请，他把原定的行程改了又改，不辞辛苦地奔去了。钟扬一直有一个心愿，要为少数民族地区多培养一些人才。民族地区的发展一直是他的牵挂。

一天讲了两场，大家听得入神，他讲得开怀。这天夜里，他像往常一样睡了3个小时，在夜色中起床，匆匆赶往宁夏银川机场。

凌晨5点多，天色微明，路过内蒙古鄂尔多斯市鄂托克前旗时，他乘坐的小车和一辆停在路边的铲车相撞。

当他教过的当地学生发了疯似地满城的医院找，终于在殡仪馆找到老师时，他就像是睡着了。那么宁静、放松，像个大孩子。

一位学生写道，上了钟老师很多堂课，留下了太多美好的回忆，这一次钟老师又以他的方式上了最后一课，只是这一次他不是站着讲课，而是静静地躺着，这是一堂关于生命意义的课。

这一次，总是追赶时间的他可以好好睡一觉了。在他复旦大学的办公室里，电脑还开着，显示的是9月28日上海至拉萨的航班信息。

“父亲，你终于可以回家休息了。”“也许你在另一个平行宇宙。”大儿子云杉轻声说。

“愿你在我看不到的地方能好好休息，别把自己累坏了。”小儿子云实默默写下。

和孩子们一样，张晓艳也愿意这样想。

她还愿意想起，在武汉，两人初识，合作开展荷花分类研究。钟扬不是植物学科班出身，所领导给张晓艳的任务是让她“传、帮、带”，帮助钟扬尽快进入工作状态。起初的分工是张晓艳负责采集数据，钟扬作记录分析。有一天，张晓艳对钟扬说，你真要把这个研究做好就得跟我一起去，这样的数据才是有生命力的。于是，两人每天清晨一起去植物园。没想到，这个工作的开端，让钟扬对植

钟扬和张晓艳

物学产生了浓厚的热爱，一发不可收拾。

她更愿意想起，这些年那些甜蜜的点滴。有一段时间她在上海工作，钟扬在武汉，也没说确定恋爱关系，钟扬就一直给她写信，有时收到两三封，张晓艳就回一封，写了很多很多的信。同事悄悄告诉她，你快回来吧，单位发了一箱橙子，那时橙子还很稀罕，钟扬一直放着不吃，说要等张晓艳回来，橙子硬是放烂了，最后只剩下几个能吃的。张晓艳从上海回武汉，钟扬跑去车站接，一见面就说，我们得去领证了，单位证明已经开好了。张晓艳愣住了，你怎么这么自信？钟扬嘿嘿一笑。两人就这样走到了一起。

刚结婚时，钟扬埋头著书，十几平方米的小家，其中一间屋子堆得全是稿纸，几乎没地方落脚。在当时的条件下，写书是件大事儿，全靠双手翻阅大量资料。没有复印机，能用复写纸就很不错了。张晓艳帮着整理文稿，小地方的改动就用剪下来的方格纸打“补丁”。那段时间，钟扬连续写了两本书：《数量分类的方法与程序》《分支分类的理论与方法》；前者是国内第一本数量分类学领域的专著。

她还愿意想起，同在美国访问留学时，钟扬喜欢在

钟扬书写“中国”二字

外国朋友面前展示自己的书法“造诣”，他能写一手漂亮的毛笔字，最喜欢教外国朋友写“中国”两个字。钟扬还“连哄带骗”让她放弃正在攻读的博士学位，提前回国。承诺一回国两人就要孩子，并且改掉从早到晚忙工作的坏习惯，做个好爸爸。“也就装了几天吧，本性难改。”想到这，张晓艳无奈地说。

她又想起：钟扬其实心很细，每年我生日的时候，他总会记得给两个孩子一些钱，让他们去给我准备礼物。

一路相伴走来，她最懂他。很多年前，他就对张晓艳说，“做我的家人，只有吃亏的份。”“他就是这样一个人，从我认识他就没变过。”张晓艳知道，他“有一个很大的梦”，他爱他们的小家，他只是把时间给了更多的孩子。

如果不是这场意外，这趟出差回来，钟扬答应抽点时间指导一下云杉的科创活动。

“科创的事我回来跟你谈，周末愉快！”这是2017年9月23日他留给云杉的最后一句话。

云杉起初不知道为什么去银川，大人们都瞒着他，直到铺天盖地的网络消息到了他的手机上。他在自己的QQ空间写下：“父亲，我们还没有长大，你怎么敢走！”

“老爸，你知道你现在在哪吗？”云杉给他永远不会再打开的微信留言，哭泣的表情铺满了手机屏幕。

2017年9月9日，他刚陪两个孩子过完他们15岁的生日。关于孩子的培养，他和张晓艳有个约定：孩子12岁以前，你就多管一点；12岁以后交给我来管。后来，这个时间又延到了15岁。孩子15岁生日那天，张晓艳如释重负地向孩子们宣布；“从现在开始，有事找爸爸！”

只是这一次，“不靠谱”的爸爸又要失约了！

单增罗布至今觉得后悔。他最后一次见到钟扬，就是在9月9日中午。那天，他和西藏大学的几名同事到复旦大学找钟扬，请他为藏大中国语言文学博士点的评估材料

2006 年，钟扬与妻子、儿子的全家福

修订作指导。后来他才知道，那天是钟扬双胞胎儿子的生日。家宴吃到一半，钟扬就急匆匆往学校赶。在钟扬的办公室里，他们一直讨论到很晚。

钟扬走后，张晓艳在家整理旧照片时才发现，全家最近的一张全家福竟已是近 12 年前了。最近几年也有过一些全家一起拍照的机会，但几乎每一次，钟扬都因为工作又临时缺席了。

“爸爸答应的事情 99% 不能实现。”两个儿子已经习惯了爸爸总是要去忙别的事。

云杉的最大愿望是全家一起出去玩一次。2017 年夏天，云实第一次去西藏看爸爸工作的地方，结果刚到拉萨，爸爸就把他丢在宿舍去忙工作了，十多天后才回来。

几年前，云实提出想学藏语，钟扬很兴奋。孩子12岁时，他让云实进上海的西藏班读书，学习藏语，希望有一天能继承他的事业。张晓艳记得，云实会说第一句藏语时，他特别开心。

他何尝不疼爱自己的孩子！他也像普天下的父母一样，有一颗柔软的心。

他会按照约定每周给住校的云实往银行卡里打100元生活费。他会冒雨去学校，透过浓重的雨帘目不转睛地盯着每一个路过的孩子，寻找那个瘦小的身影。他会花20元买两个菠萝削好切好，找来小袋盐巴，叮嘱云实用盐水泡好，等下午3点的课结束后，和全寝室同学分着吃……

那年脑溢血抢救苏醒后，看身边人都如临大敌，他还开玩笑调侃自己，缓和下紧张的气氛。唯独提起两个儿子，他便忍不住哭得像个孩子。

那是他心底最痛的一块。

他曾对友人说，一个人总要有走的那一天，不知道哪一天走。像我们这样搞科学研究的人，生死来去都是想得非常透的。这些年，唯一愧对的是家人，特别是两个孩子，陪伴得太少。

他一直觉得自己还有机会，他对张晓艳说，“以后有的是时间，等我老了，两个孩子不要嫌我烦才好。”

9月26日，钟扬离开的第二天，记录他西藏采集种子的纪录片《播种未来》单日点击量就超过1 200万次，近400个微信公众号发布纪念文章。

科学界、教育界，素未谋面的人，听过他一次讲座的人……无数人自发地怀念他、追忆他。

9月28日，银川市殡仪馆灯光通宵长明，第二天是钟扬的告别仪式。几十所大学、研究所的学者、学生从全国各地赶来，为钟扬守夜。

一位复旦大学毕业多年的学生急着要赶去银川送钟老师一程，当天从上海飞银川的机票一张也没有了，好不容易抢到一张头等舱机票才登上了飞机。上了飞机一看，前前后后都是钟老师的同事、友人和学生，相看泪眼婆娑。

9月29日，他的告别仪式在宁夏银川举行。

花圈太多，无法摆进灵堂，只能铺在场外，700多个花圈铺满整个广场。一片纯净洁白。

那一刻，大地之花为他深情绽放。

“我懂得钟扬，他53岁做了100岁的人都做不到的

钟扬的告别仪式上，花圈铺满了整个广场

事，他拼命地做，拼命地赶。”陈家宽说。

“知道他忙，不知道他这么忙；知道他做了很多事，不知道他做了这么多事；知道他影响力大，不知道这么多人挂念他。”楚永全感慨。

“他是一个有魔力的人，带给我们的除了人格魅力、科学的思维方式，还有更广阔的视角，他的热情和努力会感染所有人，让你尽情拥抱人生的无限可能性。”边珍常会想起老师生前的趣事，有时整夜睡不着，就给老师的邮箱写一封封信。

“不管我们遇到多大的困难，无论是科研上还是生活上，钟老师总会安慰我们：没事，我们一起来想办法嘛！有我在，你们担心什么！可现在，我们上哪儿去找你，我的老师？”忆起恩师，徐翌钦几度哽咽。

“他是一个很有才华和能力的人，走到哪里都能够很快脱颖而出，独当一面。他是一个纯洁、高尚的人，坦荡无私的品格深深感染了和他交往的每一个人。”包信和曾与钟扬在复旦共事。在他眼中，钟扬是一座精神的“珠峰”。

“人生本是一部剧本，或长或短，皆以喜剧开篇，悲剧谢幕。钟扬的剧本精彩至极，他不光读者无数，而且深深地影响了许多人一生的轨迹，让他们的生活更加精彩。”何芳良这样讲述相交多年的老友。

如果不是这场意外，这一天，9 月 29 日，他原本应该出现在西藏大学，参加生态学一流学科建设推进会。

拉琼说，整个西藏大学都特别兴奋，大家特别期盼钟老师的这次到来，希望在他的主持下进一步完善一流学科建设实施方案和规划，未来把西藏大学生态学科全面推向国际一流学科行列。

他也多么盼望，和这些高原的战友、兄弟热烈拥抱。

为了这一天，他已奋斗 16 年。

十多天前，得知西藏大学生态学入选国家“双一流”建设一流学科名单，他就按捺不住激动的心情。张晓艳记得，那天他特别高兴，说这是个很大的荣誉，是西藏的第一个！是西藏高等教育的重大里程碑！

张晓艳说，他在西藏开创性的工作，真的像一个襁褓里的婴儿，最后长成了伟岸的男子汉，这让他觉得所有的辛苦都是值得的。

在藏大理学院同事的微信群里，他还和大家约定，9 月底和 10 月初再去墨脱，“采种子的好时节”。

可这次高原的相见，他要永远失约了！

如果不是这场意外，9 月 26 日下午，他会在复旦大学研究生院参加党支部活动，给大家讲一次党课，讲讲科学家黄大年的故事。他和黄大年是好朋友，由他来讲黄大年是非常合适的。

楚永全记得，9 月 25 日，已过零点，他在微信群里与院长钟扬等人商量支部活动时间。三言两语之后，钟扬以一贯的果断拍板：“@所有人　我们何不在 26 号下午花一个小时开个会呢？”

可这一次，开会几乎不迟到、也不早退的他，爽约了！

包晓明在焦急等待钟院长出差归来。“9 月 25 日，周一，我上午特别忙。10 点多有一位考生家长一定要见院长，经常有这样固执的家长找我们，无论跟她怎么解释政策都没有用，一定要见到院长，院长说的话她才相信。”

接待完考生家长，包晓明刚喘了口气就赶到上海市肺科医院取药。这是钟扬交代的，是藏族学生急需的药品。“肺科医院那天的病人很多，挂号、收费都排了很长的队。因为往遥远的拉萨邮寄东西不容易，我又跑上跑下，自费配了6大盒，还问药剂科要了一个大纸箱子，冒着雨搬回学校。”

黄梵也在等待。9月24日晚，钟扬询问他去西藏的行程想法，两人商定9月28日飞去西藏。钟扬曾三番五次劝黄梵去西藏看看，因为严重的高原反应，黄梵多次推辞。钟扬有时激他：“作为一个作家，必须要去一趟西藏！”有时又放低姿态：“你放心！我大不了陪着你嘛！”这一次，黄梵终于决定出发，着手完成他们的一个约定——拍摄一部关于植物学家登山的电影。

黄梵记录了和钟扬讨论后的思考：“阿尔卑斯式登山的精髓是：独立自主，不依赖他人，不靠外界的补给，完全靠登山者自身力量去攀登，所有东西必须自己背。而对于植物学家来说，也有两种途径来研究课题，一种是利用各地标本馆已有的标本和种子库储存的样本，或是交给一些服务于科研单位的采集力量，回到实验室研究；另一种是亲自采集，全程自行把控。钟扬是后者的践行者。”

赶往银川的路上，拉琼泪流满面，“他没日没夜地穿梭于西藏、青海、新疆、宁夏和内蒙等少数民族地区。他把生命最宝贵的时光，献给了祖国最需要的地方。他曾说过，环境越恶劣的地方，生命力越顽强。他就像青藏高原的藏波罗花，深深扎根，顽强绽放”。

看到钟扬两个儿子凝望父亲的神情“有点发呆”，徐宝慧心痛。他想起有一年藏大开学，钟扬穿了件新衣服到拉萨。以往，钟扬一年到头就是那几件衣服，那天，一进办公室，钟扬就得意地问徐宝慧：这个衣服怎么样？他高兴地说，是过年时小儿子花了120块钱的压岁钱，在复旦旁边的五角场给他买的。他很开心、很自豪。他也有舐犊情深，只是太多深情还没来得及表达。

雪域十六载，援藏支边报国，胸怀西部，常在路上；

风华五三秋，崇德建业育人，桃李天下，播种未来。

银川，洁白的哈达在风中飞舞，歌唱。

满载哀思的挽联道不尽他短暂而绵长的一生。

钟扬曾说，人生没有绝对，不必等到临终才来回首自己的人生，只要把每个年龄段该干的事都干了，就不负你的人生。要珍惜35、45、55这几个年龄段。35岁看到社

学生向钟扬进献哈达

会百态，45岁打好事业的牢固基底，55岁对人对事从容不迫。

他做到了，不负人生。

追悼会上，张晓艳强忍泪水，一字一顿地说：“钟扬，从我认识你的那天起，就知道，你是为科研而生，为事业而生，为理想而生。你的人生，属于科学，属于国家，属于人类。”

知夫莫如妻，这是她最真情的道白。

他那80多岁的老父亲，头发已稀疏花白，此时用力握着儿子的藏族朋友们的手，反反复复地说：“钟扬不能再为你们工作了。”

扎西次仁难过：“我一直认为钟扬老师对父母尽孝不够好、对妻儿不够关爱与我们这些高原上的人有千丝万缕的关系，因此，我对钟老师的父母和妻儿有一种做贼心虚般的内疚感，最怕见到他的亲人们。”当他向钟扬的父亲表达歉意时，老人只说：“钟扬经常说起你，你是他指导的第一个藏族博士，他很为你骄傲的！”

钟扬父母的为人友善，曾去武汉大学学习的藏大学生屡屡讲起，扎西次仁早就听闻。只是眼前，老人平静的话更让人心疼：“我们只当给国家生了个儿子。以前他在的时候一年也见不到几回，就只当他还活着。让他去吧，让他去吧……”

告别会上，钟扬的父亲对治丧小组提出了家属唯一的“要求”：

“只希望在悼词里写上，钟扬是一名优秀的中国共产党党员。”

知子莫如父，父亲知道，这是儿子一生的追求。

告别会一结束，这位饱经沧桑的父亲躲到一角，忍不住嚎啕大哭。

9 月 30 日，钟扬的骨灰运回上海。

学生们用千纸鹤来悼念钟扬

已是傍晚时分，复旦师生上百人在机场迎接。飞机降落时，雨猛然大了起来，机尾带起了一片水雾，场面非常壮观。

“院长以这种方式降落，真是宏伟，一定是他生前喜欢的大场面，他有英雄情结。他的心很大很大，不是凡事俗情所能牵绊住的。”包晓明和复旦大学研究生院的老师们一起，默默等待着。

张晓艳和两个儿子，捧着蒙着黑布的遗像，捧着骨灰盒，一步步走下来。

“钟扬，我们回家了。我想你离开我们唯一的理由，就是太累了。”张晓艳忍住啜泣，脸上的泪水和风吹来的

钟扬，回家吧

雨水流在一起。

“高高大大的钟老师去了银川，怎么就化成了一只小小的骨灰盒回来了？”每个人都打着伞，手捧洁白的菊花，默默地注视着、迎接着，一言不发。

啊，你也来了，你也来了，他一定会和每个人都打招呼吧。看见那么多人冒雨来迎接他，心里肯定还非常过意不去，他是一个永远为别人着想的人。

车队开向上海西宝兴路殡仪馆。路上堵得厉害，但大家都希望，堵车的时间长点，再长点，这是钟扬和大家在一起的最后时刻。

尾声

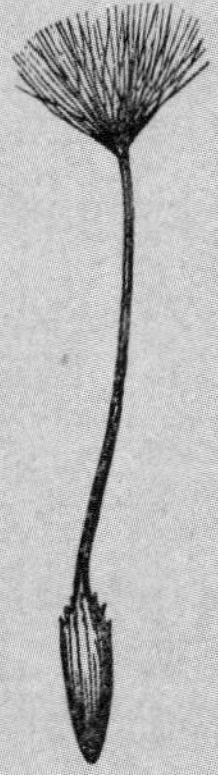

种子的力量：读懂钟扬

任何生命都有结束的一天，但我毫不畏惧。因为我的学生，会将科学探索之路延续；而我们采集的种子，也许会在几百年后的某一天生根发芽，到那时，不知会完成多少人的梦想。

钟扬

钟扬第一次出国，到美国密歇根州立大学做访问学者。他的导师看过简历后，第一次见面时问他，为什么选择分类系统学这样的传统学科。钟扬的回答让老师开怀：在我知道的生物学家中，植物分类学家是一群高寿的群体。

在各种场合，他都将“活得久”列为学习植物学的好处之一。招研究生时，他对学生说：“研究生物学多好，身体健康，活得久，还可以公费旅游。”在谈及幸福的含义时，他说得更加浪漫：“我对幸福的简单定义是兴趣与职业没有‘错配’。许多人受职业所困无法远游，但生物学家却可以一边工作，一边遍访祖国大好河山。喜欢旅游，又做了植物学家，对我而言就是幸福。”

说起来诙谐轻松、充满诗意，背后却是常人难以想象的艰辛和忍耐。

他说：“作为植物学家，45 岁感觉人生还没有开张。我会思考 70 岁以后干什么。”“一个植物学家 60 岁以后还可以做很多工作，就像老中医一样。”关于人生，他有一种放之生态系统的全局观和超越生命的长程视野，长期的高原工作，让他学会了将时间拉长，在更宽广的时空背景下思考问题。

他的人生道路选择受到达尔文的影响。1859 年，达尔文的《物种起源》出版，这本书给世界带来了巨大影响，马克思主义的创立与达尔文的进化论也有一定关系。

“达尔文的一生给我们许多重要的启示，也在很大程度上决定了我的人生道路。达尔文没有正规读生物学，他先是学医学，后来改学神学，但他对大自然的热爱却从来没有停止过。后来发生了一件重要的事情——参加贝格尔号旅行。当时英国军舰贝格尔号需要一位大学生参与远航，顺便采集各地动植物标本。达尔文参加了。”钟扬写道，“我个人认为要改变一个人的世界观，最好是让他离

钟扬，在西藏，在路上

开他死活都不想离开的地方，去的地方越远越好，时间越长越好。达尔文的四年旅行给他的人生带来极大的收益”。

钟扬在高原上一待就是16年。如果不是那场意外的车祸将他的生命定格在53岁，他还会继续待上10年，也许20年。他对人生道路的选择不仅仅出于学术的兴趣，由采集种子转向在高原播撒“种子”，他偎依着大地的胸怀，不畏惧自然的考验，一次次挑战身体的极限，支撑他的是中国知识分子的担当和情怀。

“达则兼济天下”“位卑未敢忘忧国”“先天下之忧而

忧，后天下之乐而乐”，这是中国知识分子一以贯之的家国情怀。在中国传统文化中，家国情怀是一种对家和国的赤诚热爱，是一种忧国忧民的社会责任感，已经潜移默化为知识分子的精神支柱。

这是钟扬的精神源泉。他懂得，只有融入波澜壮阔的社会实践，知识才产生效用，抱负才能实现，情怀才有所寄托。只有将个人的小我融入祖国的大我，将个体的理想奋斗融入祖国建设，将自我的发展汇入时代的潮流，情怀才有所附丽。

他说：“生物学研究是一场持久战。一百年后我肯定不在这个世界上了，但我的学生们还在，他们还会继续走在我为他们开辟的道路上，早晚有一天，我们会发现那颗改变我们国家命运的种子。”

他还说：“你猜测一下，假设一百多年以后还有癌症，假设那时候大家发现有一种植物有抗癌作用，然而由于气候的变化，这个植物在西藏已经没有了，但是一百多年前有个姓钟的教授好像采集过。都一百多年了，姓不姓钟有什么关系呢？是不是教授又有什么关系呢？也许有人说，一百年以后，这个种子没用了呢？我期待看到种子没有用的那一天，这说明那个植物还在，该多么美好！”

他钦佩谈家桢先生，复旦大学生命科学学院创始人、遗传学家。“我认识他的时候他 90 岁，他去世的时候 100 岁。他 90 岁到 100 岁的这期间，无论因公因私我都要去先生家坐一坐。”钟扬说。

谈家桢先生毕生都在探索生命的密码，他认为，生命科学和数学、物理学、化学应当相互介入、相互渗透、相互支持。20 世纪 80 年代，谈家桢在复旦大学生物系率先进行了大刀阔斧的改革，1986 年，正式成立复旦大学生命科学院；1987 年，又建成复旦大学遗传工程重点实验室。对教育改革，对科教兴国，谈家桢一直保持着热切关注。他坚信，在当今科学技术领域里，真正能攀上高峰的，必属知识广博者无疑。

钟扬的故事，让人想起 24 年前将生命永远留在雪域高原的另外一位援藏干部、优秀共产党员孔繁森。1979 年，作为国家第一批援藏干部，孔繁森两进西藏。1994 年 11 月，身为阿里地委书记的孔繁森在工作途中不幸发生车祸，终年 50 岁。同为援藏干部，他们都在这片土地上留下了深深的脚印；甚至，就连告别世界的方式都一样。

钟扬的故事，让人想起年近半百走上高原的“森林女神”徐凤翔。1977 年，46 岁的徐凤翔只身赴藏，遍访西藏野生植物，建起人生的第一座“小木屋”——西藏高原生态研究所，开创了高原森林生态研究的先河，被藏族同胞亲切地称为辛娜卓嘎（藏语“森林女神”）；65 岁，她走下高原，建起人生第二座“小木屋”——北京灵山生态研究所，传生态保护之道；耄耋之年，仍然心向高原，不落征帆。

钟扬的故事，让人想起“大地之子”蔡希陶先生。20 世纪 30 年代，蔡希陶走遍云南的山山水水，冒着生命危险，深入边远山区开展植物调查和采集工作，揭开了云南“植物王国”的面纱，为云南植物学研究作出了奠基性贡献。在他的操办下，云南农林植物研究所（昆明植物研究所前身）于 1938 年 5 月在昆明北郊黑龙潭挂牌成立，成为当时的植物学研究最高学府。

翻看蔡希陶的科学译著目录，人们不解：在而立之年以前，他已发表和出版不少论著，被赞誉为“不可多得的人才”。为何在而立之年后反而少有著作？1980 年，蔡希陶在《我的兴趣是什么》一文中解开了人们的疑团。

他说：“我在云南长期旅行，接触了不少农民朋友，他们看到我跑这么长的路，花这么多的钱，就时常问我：

你采这么多的花花草草，拿回去做什么用呢？……从此我就把这个问题刻在我的脑海里。我的工作应该做在实用的刀口上，群众才会同情我。于是，我立定要用植物学这门理论学科去为人民做一些有用工作的志愿。”这也是他常说的，要在大地上书写“立体文章”。植物科学研究机构的建立，植物资源的开发利用和保护，科技人才的培养，都是他立志要书写的重要的“立体文章”。

没有蔡希陶的工作，就没有云南烟草业和橡胶种植业的起步。他为年轻人教授专业课、英文和拉丁文，手把手指导植物考察、植物引种驯化、植物化学成分测试、植物栽培试验和论文写作，常用“一屁股坐下就能压倒三棵药草，一打开窗户就可找到研究课题”去激励年轻科技人员，他“愿当铺路石子”，只为造就一支多学科的科研队伍。

1978 年，科学的春天，作家徐迟在完成著名的《哥德巴赫猜想》之后来到云南，一口气写出报告文学《生命之树常青》，讲述蔡希陶的故事。文章在《光明日报》发表。那时，高考刚刚恢复，14 岁的钟扬正在为提前参加高考做准备，这篇文章不知他可曾读到。但可以清晰地看到，当他日后走向大地、扎根高原时，他们的精神脉络是相通的——在大地上书写“立体文章”。

一个个坚韧、奋进、执着的身影穿越时空，重叠在一起。这是中国知识分子的无私、无畏、大义、担当，这种精神高贵而朴素，更是发自内心、融于血液的自然而然。正如钟扬的几位挚友不约而同的看法，钟扬本质上就是一个普通人，只是一个做得比较好的普通人。

“天下万物生于有，有生于无。”

钟扬很喜欢老子《道德经》里的这句话，并将它作为上海自然博物馆“起源之谜”展区的起首，也是全馆的开篇。

“作为深谙进化生物学的学者，在钟扬眼里，万物起灭常常是以亿年为单位计算的，个体的生死不算什么。”好友曾嵘懂他。

扎西次仁的妻子贡珍去拉萨门孜康星算所为钟扬老师算了个藏式卦，她在电话里告诉在银川送别老师的扎西次仁，卦上说钟扬老师会转世成一名佛像雕塑师。

征得全体家人的同意，扎西次仁把老师的一部分骨灰背回拉萨的家，按照家人的规格和方式进行了安葬，其中的部分骨灰制成了擦擦后，在一个藏历吉日里安置在拉萨市郊一座山上，旁边是一座幽静的寺庙；另一部分骨灰在

“七四二十八天”的祭日洒入了雅鲁藏布江主河道；还有一些撒在他曾去过的地方。

能望见高山，能触碰江水，能听见种子发芽的声音，他应该会喜欢。

他曾说：“我有许多梦想，那些梦想都在遥远的地方，为了梦想，我独自远航。”如今，他远行的路早已不再孤独。他播撒下的种子，结出了无数甘美的果实。

他还有很多梦，在路上。

他有一个酸奶“种子”的梦——中国大陆生产的酸奶多数采用国外进口菌种，这意味着每喝一瓶酸奶都要给外国人交专利费。而西藏的酸奶是在空气中完成发酵的，只有那里纯净的空气才能做到。要了解和保护微生物多样性，从中分离出有经济价值的菌种。他说，要做出中国人自己的酸奶菌种！他已经带着学生采集了5 000份酸奶菌种的实物样本。

他有一个墨脱咖啡的梦——墨脱，我国最后一个通公路的县，那里缺少经济性作物，百姓生活还很贫困。2016年开始，他在墨脱试种咖啡。“三四年后，让你们喝上高原咖啡！”

他还有一个上海的红树林之梦……

他说，不是杰出者才善梦，而是善梦者才杰出。

他有天地之间的大胸怀、大格局、大智慧。他说过，人这一辈子，不在乎发了多少论文，拿了多少奖项，留下来的是故事。

他做到了，留下好多好多故事。他是用自己的生命，在人世间书写故事。以无用之心求索，而得大用；以出世之心入世，而得大成。

他有一个藏族名字叫索朗顿珠，寓意有福德、事业有成。他很喜欢这个名字，并且学会用流利的藏文签名。

诚如其名。

他就像一棵树，因为根扎得深，他的生命之树长出了一个个健硕粗壮的枝丫，努力向上、向上，向着不同的方向延展，枝繁叶茂。

他就像一盏灯，温暖是他生命的底色。

他坚持复旦大学博士生毕业典礼的时候要唱名，每年一两千个学生，作为研究生院院长的他都从头到尾念学生的名字，念到最后几乎要虚脱；他从不称呼别人小张、小李，哪怕是对很多很年轻、刚刚毕业的同志，他也总是称呼人家张老师、李老师……

学生们说，他是从来不会把别人名字写错的教授；他

钟扬坚持在毕业典礼上念完每一个学生的名字

会为自然博物馆一篇不到200字的解说词，想一整天的标题；他会在去做嘉宾主持前私下打听嘉宾的着装，以判断自己穿怎样的服装好配合；听闻学生去支教，他特意用自己的钱买好多书，捐给学生支教的学校，作为支持。

他就像一团火，热烈是他生命最鲜亮的色彩。

20多年以前，他就在入党志愿书中立下自己的终身理想：

入党以后，我要更加努力地工作，全心全意为人民服务，为祖国的科学事业发展贡献力量！我会永远坚定自己的信念，为伟大的共产主义事业奋斗终身！

在世界之巅无畏地奔跑，追逐梦想，就像夸父追赶太阳。他的心中始终有一个声音在升腾——

脚踏实地，到人民中去，到广阔大地中去，到祖国最需要的地方去。

这声音来自遥远的苍穹，与他心中愿景的河流交汇壮大，让他在面对渺无人烟的旷野和对人类极限的无穷挑战时，毫不畏惧。

天地能知许国心。

他还有很多梦，在路上，在他身后，化作一片桃林。

2018年1月，“复旦大学钟扬教授基金”成立。他的家人共同决定，将138万元车祸赔偿金全部捐出来，用于支持西部少数民族地区的人才培养工作。张晓艳说：“我想，这是我们家人能为钟扬未竟的事业做的一点事，也是他所希望看到的。”

拉萨河边，他的声音犹在群山之间回响：

任何生命都有结束的一天，但我毫不畏惧。因为我的学生，会将科学探索之路延续；而我们采集的种子，也许会在几百年后的某一天生根发芽，到那时，不知会完成多少人的梦想。

此刻，一缕晨光照耀大地。复旦大学生命科学学院门口，立着一块复旦校友赠送的石碑，上面写着："天物芸芸，各复其根。"

山间，藏波罗花在沙石缝里盛开，风将蒲公英的种子吹散。天空中，又飘来他最爱的那首自己翻译的藏族民歌：

世上多少玲珑的花儿，
出没于雕梁画栋；
唯有那孤傲的藏波罗花，
在高山砾石间绽放。

参考书目

种子的力量：读懂钟扬

钟扬:《钟扬文选》，复旦大学出版社 2018 年版。

本书编委会编:《钟扬纪念文选》，复旦大学出版社 2018 年版。

梁永安:《那朵盛开的藏波罗花：钟扬小传》，复旦大学出版社 2018 年版。

中国科学院青藏高原综合科学考察队编、吴征镒主编:《西藏植物志》第一卷，科学出版社 1983 年版。

《藏北民间故事》，塔热·次仁玉珍搜集整理翻译，西藏人民出版社 1993 年版。

谈家桢:《生命的密码》，江苏人民出版社 2008 年版。

［美］艾萨克·阿西莫夫：《不羁的思绪——阿西莫夫谈世事》，江向东、廖湘彧译，上海科技教育出版社 2009 年版。

［日］长谷川政美、任文伟、杨莉琴：《听基因讲祖先的故事》，上海科技教育出版社 2005 年版。

［英］E.H. 威尔逊：《中国乃世界花园之母》，包志毅等译，中国青年出版社 2017 年版。

［美］乔恩·科莱考尔：《进入空气稀薄地带——珠穆朗玛峰攀登灾难亲历记》，韩敬译，现代出版社 1999 年版。

后　记

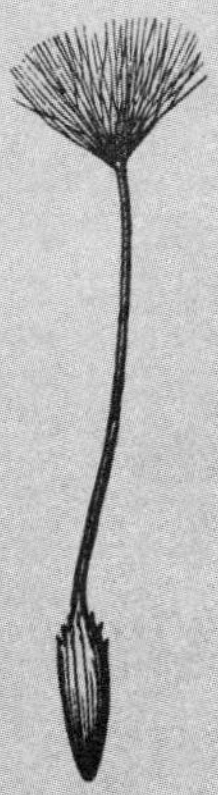

种子的力量：读懂钟扬

后　记

“不按进化论思考，生物学的一切将无法理解。”这是20世纪进化生物学大师杜布赞斯基（Theodosius Dobzhansky）的名言。

钟扬是进化论的拥趸。他说，人活在这个世界上，要考虑进化上的适应度问题。比如氧气少了，在西藏有高原反应。可藏族人到上海来也成天晕晕乎乎的，氧气太多了就会“醉氧”。任何事情不能走极端，但我们经常追求极致。本来只是想挣点钱，让生活好一点，久而久之就要打造“第一”。其实，到了那个时候，钱已经不能让你愉悦了。科研也是一样。做些研究不是蛮好？非要追求极致，一心想得大奖，往往就把事情做过头了。

通透、幽默、渊博，采访钟扬是难忘的愉快经历。他是那种见过一面就忘不了的人，他有一种奇妙的能力，能够很快把你拉入谈话的“气场”，并且在很短时间内把复杂的科学知识讲得生动有趣且明白。至今记得，2015 年 8 月的一天，太阳直直地照着校园，在复旦大学 8 号楼，研究生院院长办公室，第一次见面，钟扬便热情地讲了快三个小时，段子不断，“金句”迭出。他是讲故事的高手，他更把自己的人生活成了一个精彩的故事。

采访还没结束，我已迅速“路转粉”，兴致勃勃地提出等他再去西藏时要跟着去采样。遗憾的是，后来并没能成行。此后在一些不同场合见面，听他谈研究生教育，谈基础教育，谈创新和试错，谈合作与分享……在上海自然博物馆，也曾“偶遇”过他的科普讲座。那时只觉得这是个有趣的灵魂，看到的只是他的一面，或者两面，并不曾真正读懂他。

一点点走进他的精神世界，是在他离去后。随着采访的不断深入，当他的同事、友人、学生，甚至只听过他一次讲座的观众，在怀念和不舍中将各自心中的那部分“钟扬”拼接到一起，我才发现，这幅人生的拼图是多么宏伟而美丽。

这样的发现动人心魄，也让我羞愧自责：一个美好而伟大的人格就在身边，我却擦肩而过，没有意识到他的珍贵。如果不是他的猝然离去激起无数自发的追忆，我们也许不会意识到，他已经用53年的人生镌刻出如此的生命厚度，他的生命之树已如此根深干壮、枝繁叶茂。

这样的发现也让我思考：钟扬的精神魅力来自哪里？今天，我们为什么学习他？今天，我们如何学习他？

“钟扬和我们一样都是平凡的人，但是平凡的人一旦拥有志向，就会忘我投入，这正是当今社会所缺乏的精神力量。”上海市杨浦区一位援藏干部如是感慨。

我想，平凡的人，或许是对第一个问题最好的回答。

他是时代楷模。楷模不是高高在上的，而是生活在人群之中。正如他的友人们所说，钟扬，从来不是一个难以企及的人。他确实在某些方面才能超群，但本质上是普通人。

他奋进、执着、坚守，也有困惑、委屈、烦恼。他心怀伟大的事业，也牵挂身边细微的人和事。他有豪情万丈，也有柔肠百转。他会为孩子的成绩担心，也会操心孩子吃得好不好、个子长得高不高。

他是科学家和文艺青年的结合体。在一篇杂文《世界之巅上的断思》中，他写了几个片段。其中一个叫“父与子”：

很多中青年人自己不爱学习，但给儿女的目标定得很高。今天要读北大，明天想读哈佛，恨不得儿子会五门外语。我有个湖南亲戚去年全家来看我，让我好好教育一下他十岁的儿子。他儿子凑过来要听我们聊天。“快去做作业！”他把那小孩往里屋一推，门都还没关严，就把我肩膀一搂，说：“哥，下次到长沙来我带你去歌厅。上海连个像样的歌厅都没有，长沙有几百家呢。”我说：“我现在知道你儿子学习为什么这样了。”他说：“小孩要好好教育，你看我都35岁了嘛。”我说：“你哥都45岁了，还要学藏语。”

真实得可爱，坦诚得可爱，让人读来忍俊不禁。这是一位“烟火气”十足的学者，一个憨厚、俏皮的邻家大叔。辞“官”，去西部，他却每每在人生重要关头作出不平凡的人生选择。

他是新时代的奋斗者，脚踏实地，力求有一番作为。

他始终牢记第一身份是共产党员，第一职责是为党工作，他将党员、科学家、教师、教育管理者等几个身份融合得浑然天成，拼命追赶时间，投入火热的“并联生活”。平凡的人在使命召唤、责任担当下，迸发出的精神力量，更具张力和感染力。

有人说，钟扬的精神，与上海的城市精神共振，他的精神对于时代是一种“激励”。钟扬的身上，高度契合了“不忘初心、牢记使命、永远奋斗”的时代号召，集中展现了一名优秀共产党员和优秀知识分子的时代风采，生动诠释了海纳百川、追求卓越、开明睿智、大气谦和的上海城市精神的时代内涵。当下的上海，“尤其需要千千万万钟扬式的先进典型来引领和激励，掀起学先进、赶先进、当先进的热潮”。

何为“钟扬式”的典型？他的人生提供了怎样的启示？

时代楷模是一面镜子，从中可以看到人生的轨迹、时代的走向、社会的趋势。在钟扬身上，有坚定的信仰、真挚的情怀、强烈的担当，永葆着一颗共产党人的初心。大江大河奔腾，当下的中国，比以往任何时候更需要领跑者、实干者、奋进者，需要在自己的日常本职工作中干事创业、奋勇争先，钟扬蹚出了一条跋涉的道路，留下了一个奋斗者的身影。

因为工作的原因，这本书的写作时常是在夜里。夜阑初静，在灯下与这位师者、智者对话，于我也是一次修行、一次学习。这本书的完成，离不开很多人的帮助。西藏大学的拉琼教授，复旦大学的曾艺、陈浩明、南蓬、赵佳媛、楚永全、包晓明、盛情等老师热情地为我查找资料、联络采访、核对细节。中国科技大学的曾杰教授为我查找到少年钟扬在中科大读书时发表的诗歌和散文。钟扬的好友、作家黄梵提供了部分书信供我参考。钟扬的夫人张晓艳教授在料理繁重的家事和工作之余，腾出时间通读书稿，提出修改意见，令我无比感动。

特别要感谢我的先生仲林，他是本书的第一位读者，也是在他的鼓励下，我才下决心"写一写真实的钟扬"。他还是我最中肯的批评者、最无私的帮助者、最可靠的人生伴侣。

文艺青年钟扬曾一度萌发写一部关于仓央嘉措小说的念头。他热爱西藏，热爱那片离天最近的地方，热爱那里的山山水水、花果草木。

姑且用一首婉转的藏族民歌作结。

深谷里堆积的白雪，

是巍峨的高山的装扮，

莫融化呀，请你再留三年。

深谷里美丽的鲜花，

是秀美的深谷的装扮，

莫凋谢呀，请再盛开三年。

家乡的俊美的少年，

是阿妈心中的温暖，

莫离开呀，希望常聚不散。

颜维琦

2018 年 9 月 10 日夜

图书在版编目(CIP)数据

种子的力量:读懂钟扬/颜维琦著. —上海:上海人民出版社,2018
ISBN 978-7-208-15407-0

Ⅰ. ①种… Ⅱ. ①颜… Ⅲ. ①钟扬(1964-2017)-先进事迹 Ⅳ. ①K826.15

中国版本图书馆 CIP 数据核字(2018)第 204180 号

责任编辑 沈骁驰
封面设计 陈 酌
封面题签 颜维琦

种子的力量
——读懂钟扬
颜维琦 著

出　　版 上海人民出版社
(200001 上海福建中路 193 号)
发　　行 上海人民出版社发行中心
印　　刷 上海商务联西印刷有限公司
开　　本 890×1240 1/32
印　　张 7.75
插　　页 2
字　　数 119,000
版　　次 2018 年 9 月第 1 版
印　　次 2018 年 11 月第 2 次印刷
ISBN 978-7-208-15407-0/K·2785
定　　价 38.00 元